WYKWINTNA SZTUKA WELLINGTON I W SKÓRCE

Najlepsza książka kucharska na 100 eleganckich dań w zamkniętych pojemnikach

Dorota Mróz

Prawa autorskie ©2023

Wszelkie prawa zastrzeżone

Żadna część tej książki nie może być wykorzystywana ani przekazywana w jakiejkolwiek formie i w jakikolwiek sposób bez odpowiedniej pisemnej zgody wydawcy i właściciela praw autorskich, z wyjątkiem krótkich cytatów użytych w recenzji. Niniejsza książka nie powinna być traktowana jako substytut porady lekarskiej, prawnej lub innej porady zawodowej.

SPIS TREŚCI

SPIS TREŚCI 3
WSTĘP 6
WELLINGTONA 7
   1. Klasyczny Wellington Wołowy 8
   2. Wellington z łososiem 10
   3. Wołowina i Musnhroom Wellington 12
   4. Spam Wellington 14
   5. Mini Wellington Wołowy 16
   6. Kotlet mielony Wellington 18
   7. Kurczak Wellington 20
   8. Kaczka Wellington 22
   9. Jagnięcina Wellington 24
   10. Owoce morza Wellington 26
   11. Żabnica w curry Wellington 28
   12. Dziczyzna Wellington 30
   13. Wellington wołowy ze szpinakiem i grzybami kasztanowymi 32
   14. Pasternak i Borowik Wellington 34
   15. Wegańskie Wellington Grzybowe 36
   16. Wegańskie grzyby Miso, dynia i kasztan Wellington 38
   17. Kalafior Wellington 41
   18. Kalosze jagnięce z farszem z komosy ryżowej i ziół 43
   19. Indywidualne kalosze wołowe 45
   20. Mini Wołowina i Prosciutto Wellington 48
   21. Wellington z mieloną wołowiną 51
   22. Wellington wołowy z mieszanką grzybów kreolskich 53
   23. Wellington z wołowiną sous vide 56
   24. Ciasto Wellington z wołowiną 59
   25. Wołowina Wellington Bites 62
   26. Wołowina dla biedaków Wellington 64
   27. Klopsik Wellington 67
   28. Frytkownica z mieloną wołowiną Wellington 70
   29. Leszcz Wellington z kalafiorem, ogórkiem i rzodkiewką ...72
   30. Wellington z wołowiną po teksasku 74
   31. Warzywa Wellington 77
   32. Jackalope Wellington 79
   33. Włoska wołowina Wellington 81
   34. Wegetariańska soczewica Wellington 84
   35. Portobello, Pekan i Kasztan Wellington 87
   36. Wieprzowina Wellington 90
   37. Grillowana wołowina Wellington 93
   38. Figa i szałwia Indyk Wellington 96
   39. Ser pleśniowy i wołowina Wellington 99

40. Polędwiczka wieprzowa z pieczonym ciastem francuskim 102

PL CROÛTE 104

41. Łosoś belgijski w cieście francuskim 105
42. Seitan En Croute 108
43. Kurczak i Grzyby En Croûte 110
44. Warzywa En Croûte 112
45. Wołowina i ser pleśniowy En Croûte 114
46. Szpinak i Feta En Croûte 116
47. Ratatouille En Croûte 118
48. Krewetki i szparagi En Croûte 120
49. Jabłko i Brie En Croûte 122
50. Brie En Croûte 124
51. Rustykalny pasztet en Croûte 126
52. Filet de Boeuf en Croûte 129
53. Pasztet z Kaczki en Croûte 132
54. Kurczak en Croûte z salami, serem szwajcarskim i pleśnią 135
55. Łosoś w frytkownicy en Croûte 138
56. Nepalski pstrąg tęczowy en Croûte 140
57. Granat Brie en Croûte 143
58. Halibut en Croûte z estragonowym kremem cytrynowym 145
59. Pstrąg oceaniczny Coulibiac en Croûte 148
60. Kurczak Mango En Croûte 151
61. Caprese En Croûte 153
62. Pesto Krewetki En Croûte 155
63. Dynia piżmowa i szałwia En Croûte 157
64. Ser figowy i kozi En Croûte 159
65. Oliwa z grzybów i trufli En Croûte 161
66. Słodkie ziemniaki i feta En Croûte 163
67. Szparagi zawinięte w prosciutto En Croûte 165

STUDELE 167

68. Duszony strudel wieprzowy z sosem z zielonych jabłek 168
69. Strudel z kurczakiem i Andouille 170
70. Strudel rakowy z dwoma sosami 172
71. Pożywny strudel z łososia z koperkiem 175
72. Strudel jagnięcy i suszonych pomidorów 178
73. Marokański strudel warzywny 181
74. Strudel z wędzonym łososiem i brie 184
75. Wędzony Pstrąg i Grillowany Strudel Jabłkowy 187
76. Strudel z grzybów leśnych 189
77. Strudel Wątrobowy 192
78. Strudel mięsny 194
79. Strudel bakłażanowo-pomidorowy 197
80. Strudel Cukiniowy Z Mięsem Mielonym 200

81. Strudel wołowo-brokułowy 203
82. Strudle z kiełbasą i grzybami 206
83. Strudel grzybowo-cukiniowy 209
84. Strudel grzybowy 212

WIĘCEJ NACZYŃ W OBUDOWACH 214
85. Croustas z polędwicy z nadzieniem serowo-grzybowym 215
86. Bułeczki z kiełbasą whisky 218
87. Wiatraczki z mango i kiełbasą 220
88. Wiatraczki z ciasta francuskiego z tuńczykiem 222
89. Małe świnki w hamaku 225
90. Roladki z ciasta francuskiego 227
91. Gulasz Ziołowy Z Ciastem Francuskim 229
92. Roladki z jagnięciny z jogurtem harissa 232
93. Ciasto garnkowe po libańsku 234
94. Ciasto warzywne 236
95. Otwarte ciasto ze szpinakiem i pesto 238
96. Bureki 240
97. Ciasto z stekiem wołowym 243
98. Australijski pływak z ciastami 245
99. Ciasto ze stekiem i cebulą 248
100. Chrupki z szynką i serem 251

WNIOSEK 253

WSTĘP

Wyrusz w kulinarną podróż, która łączy artyzm i gastronomię dzięki „WYKWINTNA SZTUKA WELLINGTON I W SKÓRCE." Ta książka kucharska zaprasza Cię do odkrywania krainy eleganckich dań w zamkniętych opakowaniach, gdzie smaki są zamknięte w warstwach wykwintnego ciasta, tworząc kulinarne arcydzieła wykraczające poza zwyczajność. Dzięki 100 starannie dobranym przepisom ta kolekcja jest celebracją ponadczasowego i wyrafinowanego sztuka Wellingtona i En Croûte.

Wyobraź sobie doznanie kulinarne, w którym każde danie to wizualny spektakl, symfonia tekstur i eksplozja smaków, które urzekają podniebienie. „WYKWINTNA SZTUKA WELLINGTON I W SKÓRCE" to Twój przewodnik po tworzeniu tych kulinarnych cudów, niezależnie od tego, czy organizujesz wystawne przyjęcie, chcesz zaimponować gościom, czy po prostu oddajesz się przyjemności przygotowywania wyrafinowanych potraw w domu.

Od klasycznej wołowiny Wellington po pomysłowe dania wegetariańskie – ta książka kucharska bada wszechstronność dań w kapsułkach, oferując różnorodną gamę przepisów, które zaspokoją każdy gust i każdą okazję. Niezależnie od tego, czy jesteś doświadczonym szefem kuchni, czy kucharzem domowym, który pragnie udoskonalić swoje umiejętności kulinarne, te przepisy mają na celu objaśnienie sztuki kopertowania i wprowadzenie wyśmienitej elegancji na Twój stół.

Dołącz do nas, odkrywając warstwy kruchego ciasta, odkrywając soczyste nadzienia i zagłębiając się w świat kulinarnych wyrafinowań. „WYKWINTNA SZTUKA WELLINGTON I W SKÓRCE" to nie tylko książka kucharska, to zaproszenie do przekształcenia Twojej kuchni w płótno dla kunsztu smakoszy. Załóż więc fartuch, naostrz noże i pozwól, aby kulinarne arcydzieło się rozwinęło.

WELLINGTON

1.Klasyczny Wellington z wołowiną

SKŁADNIKI:

- 2 funty polędwicy wołowej
- 2 łyżki oliwy z oliwek
- Sól i pieprz do smaku
- 1 funt grzybów, drobno posiekanych
- 4 łyżki musztardy Dijon
- 8 plasterków prosciutto
- Arkusze ciasta francuskiego

INSTRUKCJE:

a) Rozgrzej piekarnik do 220°C (425°F).
b) Wołowinę natrzyj oliwą, solą i pieprzem.
c) Wołowinę smażymy na rozgrzanej patelni, aż będzie rumiana ze wszystkich stron.
d) Połączyć grzyby na patelni, aż wilgoć wyparuje.
e) Posmaruj wołowinę musztardą, przykryj prosciutto, a następnie mieszanką grzybów.
f) Rozwałkuj ciasto francuskie i zawiń wołowinę, sklejając brzegi.
g) Piec przez 25-30 minut lub do złotego koloru.

2. Wellington z łososiem

SKŁADNIKI:
- 1 arkusz ciasta francuskiego
- 450 g filetu z łososia, bez skóry
- 1/2 szklanki (120 g) serka śmietankowego, miękkiego
- 1/4 szklanki (60 ml) posiekanego świeżego koperku
- 2 łyżki (30 ml) musztardy Dijon
- 1 łyżka (15 ml) soku z cytryny
- Sól i pieprz
- 1 jajko, ubite
- Mąka, do posypania

INSTRUKCJE:

a) Rozgrzej piekarnik do 400°F (200°C).

b) Ciasto francuskie rozwałkowujemy na lekko posypanej mąką powierzchni na kształt prostokąta.

c) W misce wymieszaj serek śmietankowy, posiekany koperek, musztardę Dijon, sok z cytryny, sól i pieprz.

d) Rozprowadź równomiernie masę serową na cieście francuskim, pozostawiając brzeg o szerokości 2,5 cm.

e) Połóż filet z łososia na wierzchu mieszanki serka śmietankowego i złóż ciasto, aby całkowicie przykryć łososia, uszczelniając krawędzie.

f) Posmaruj ciasto roztrzepanym jajkiem i ostrym nożem natnij wierzch po przekątnej.

g) Piec przez 25-30 minut lub do momentu, aż ciasto będzie złotobrązowe, a łosoś będzie ugotowany.

h) Pozostawić do ostygnięcia na 5-10 minut przed pokrojeniem i podaniem. Cieszyć się!

3.Wołowina i Musnhroom Wellington

SKŁADNIKI:
- 2 arkusze ciasta francuskiego
- 4 steki z polędwicy wołowej
- 1/4 szklanki musztardy Dijon
- 1/4 szklanki posiekanych grzybów
- 1/4 szklanki posiekanej cebuli
- 2 ząbki czosnku, posiekane
- 2 łyżki masła
- Sól i pieprz

INSTRUKCJE:
a) Rozgrzej piekarnik do 400°F (200°C).
b) Steki z polędwicy wołowej doprawiamy solą i pieprzem.
c) Na patelni rozpuść masło i podsmaż pieczarki, cebulę i czosnek, aż będą miękkie.
d) Rozwałkuj ciasto francuskie na lekko posypanej mąką powierzchni i posmaruj musztardą Dijon.
e) Połóż steki z polędwicy wołowej na musztardzie i połóż na stekach mieszaninę grzybów.
f) Owiń ciasto wokół wołowiny i posmaruj jajkiem.
g) Piec przez 25-30 minut lub do momentu, aż ciasto będzie złotobrązowe.

4.Spamuj Wellingtona

SKŁADNIKI:
- 1 (12-uncjowa) puszka spamu, w całości (nie pokrojona w kostkę)
- 1 opakowanie arkuszy ciasta francuskiego
- 1 jajko, lekko ubite (do posmarowania jajek)
- 2 łyżki musztardy Dijon
- 1 łyżka miodu
- Sól i pieprz do smaku
- Opcjonalnie: 2 łyżki masła do posmarowania

INSTRUKCJE:

a) Rozgrzej piekarnik do 190°C (375°F). Blachę do pieczenia wyłóż papierem pergaminowym.

b) W małej misce wymieszaj musztardę Dijon, miód, sól i pieprz, aby uzyskać musztardową glazurę.

c) Rozwałkuj arkusz ciasta francuskiego na posypanej mąką powierzchni.

d) Umieść cały Spam na środku arkusza ciasta francuskiego.

e) Posmaruj górę i boki spamu glazurą musztardową.

f) Złóż ciasto francuskie nad spamem, aby je całkowicie przykryć. Naciśnij krawędzie, aby uszczelnić.

g) Umieść owinięty spam na przygotowanej blasze do pieczenia, łączeniem do dołu.

h) Posmaruj wierzch ciasta rozmąconym jajkiem, aby uzyskać złocisty kolor.

i) Opcjonalnie posmaruj ciasto roztopionym masłem, aby poprawić smak i konsystencję.

j) Piec Spam Wellington w nagrzanym piekarniku przez około 25-30 minut lub do momentu, aż ciasto będzie napęczniałe i złociste.

k) Wyjmij Wellingtona z piekarnika i poczekaj, aż lekko ostygnie przed pokrojeniem.

l) Podawaj eleganckie i pyszne Spam Wellington jako wyjątkowe i efektowne danie!

5. Mini Wellington z wołowiną

SKŁADNIKI:
- 1 funt polędwicy wołowej, pokrojonej w małe medaliony
- Sól i pieprz do smaku
- 2 łyżki oliwy z oliwek
- 1 łyżka musztardy Dijon
- 1 opakowanie (17,3 uncji) ciasta francuskiego, rozmrożone
- 1 roztrzepane jajko (do posmarowania jajek)
- Opcjonalnie: Duxelle grzybowe (mieszanka grzybów) dla dodania smaku

INSTRUKCJE:
a) Rozgrzej piekarnik do 200°C (400°F).
b) Medaliony wołowe dopraw solą i pieprzem ze wszystkich stron.
c) Na gorącej patelni rozgrzej oliwę z oliwek na średnim ogniu.
d) Smaż medaliony wołowe przez około 1-2 minuty z każdej strony, aż się zarumienią. Zdjąć z ognia i odstawić.
e) Rozwałkuj ciasto francuskie na lekko posypanej mąką powierzchni na grubość około 1/4 cala.
f) Ciasto francuskie pokroić na kwadraty lub prostokąty o takiej wielkości, aby można było w nich umieścić medaliony wołowe.
g) Opcjonalnie: Rozsmaruj cienką warstwę musztardy Dijon lub grzybów na każdym kawałku ciasta francuskiego, aby dodać smaku.
h) Połóż medalion z smażonej wołowiny na środku każdego kawałka ciasta francuskiego.
i) Złóż brzegi ciasta francuskiego na wołowinę, całkowicie ją zamykając.
j) Zawinięte kalosze wołowe ułożyć na blasze wyłożonej papierem do pieczenia, łączeniem do dołu.
k) Posmaruj wierzch kaloszy roztrzepanym jajkiem, aby uzyskać złoty kolor.
l) Piec w nagrzanym piekarniku przez około 15-20 minut lub do momentu, aż ciasto francuskie będzie złotobrązowe, a wołowina osiągnie pożądany stopień wysmażenia.
m) Wyjmij z piekarnika i odstaw Mini Beef Wellingtons na kilka minut przed podaniem.
n) Podawaj jako pyszną przystawkę i delektuj się delikatną wołowiną i kruchym ciastem francuskim.

6. Kotlet mielony Wellington

SKŁADNIKI:
- 1 puszka (10,75 uncji) skondensowanej zupy kremowo-grzybowej
- 2 funty mielonej wołowiny
- ½ szklanki suchej bułki tartej, ok
- 1 jajko, lekko ubite
- ⅓ szklanki cebuli, drobno posiekanej
- 1 łyżeczka soli
- ⅓ szklanki wody
- 8-uncjowe opakowanie chłodzonych bułek obiadowych w kształcie półksiężyca

INSTRUKCJE:
a) Rozgrzej piekarnik do 375 stopni F.
b) Dokładnie wymieszaj ½ szklanki zupy, wołowinę, bułkę tartą, jajko, cebulę i sól.
c) Uformuj mocno bochenek o wymiarach 4 x 8 cali; umieścić w płytkiej formie do pieczenia.
d) Piec przez 1 godzinę. W rondlu wymieszaj pozostałą zupę, wodę i 2–3 łyżki sosu. Ciepło; Mieszaj od czasu do czasu, podawaj z bochenkiem.
e) Po przygotowaniu bochenka odlać łyżką tłuszcz.
f) Oddziel bułki obiadowe w kształcie półksiężyca i ułóż je poprzecznie na górnej i dolnej stronie klopsa, lekko nachodząc na siebie.
g) Piec jeszcze 15 minut.

7.Kurczak Wellington

SKŁADNIKI:
- 4 piersi z kurczaka bez kości i skóry
- Sól i pieprz do smaku
- 2 łyżki oliwy z oliwek
- 1 szklanka posiekanego szpinaku
- 1/2 szklanki sera feta, pokruszonego
- Arkusze ciasta francuskiego

INSTRUKCJE:
a) Rozgrzej piekarnik do 400°F (200°C).
b) Kurczaka doprawiamy solą i pieprzem.
c) Smaż kurczaka na oliwie z oliwek, aż się zrumieni.
d) Wymieszaj szpinak i fetę, połóż na kurczaku.
e) Rozwałkuj ciasto francuskie, zawiń kurczaka, zlep brzegi.
f) Piec 25-30 minut, aż ciasto będzie złociste.

8. Kaczka Wellington

SKŁADNIKI:
- 2 piersi z kaczki
- Sól i pieprz do smaku
- 2 łyżki oliwy z oliwek
- 1 szklanka grzybów, drobno posiekanych
- 2 łyżki brandy
- Foie gras (opcjonalnie)
- Arkusze ciasta francuskiego

INSTRUKCJE:
a) Rozgrzej piekarnik do 400°F (200°C).
b) Piersi z kaczki doprawiamy solą i pieprzem.
c) Kaczkę obsmażamy na oliwie z oliwek, aż skórka będzie chrupiąca.
d) Podsmaż grzyby, dodaj brandy, smaż, aż płyn odparuje.
e) Połóż foie gras (jeśli używasz) na kaczce, posyp mieszanką grzybów.
f) Rozwałkuj ciasto francuskie, zawiń kaczkę, zlep brzegi.
g) Piec 25-30 minut, aż ciasto będzie złociste.

9.Jagnięcina Wellingtona

SKŁADNIKI:
- 2 funty polędwicy jagnięcej
- Sól i pieprz do smaku
- 2 łyżki oliwy z oliwek
- 1 szklanka galaretki miętowej
- 1 szklanka bułki tartej
- Arkusze ciasta francuskiego

INSTRUKCJE:
a) Rozgrzej piekarnik do 400°F (200°C).
b) Doprawić jagnięcinę solą i pieprzem.
c) Obsmaż jagnięcinę na oliwie z oliwek, aż się zarumieni.
d) Jagnięcinę smarujemy galaretką miętową, panierujemy w bułce tartej.
e) Rozwałkuj ciasto francuskie, zawiń jagnięcinę, zlep krawędzie.
f) Piec 25-30 minut, aż ciasto będzie złociste.

10. Wellington z owocami morza

SKŁADNIKI:
- 4 filety z białej ryby
- Sól i pieprz do smaku
- 2 łyżki oliwy z oliwek
- 1 szklanka mieszanki owoców morza (krewetki, przegrzebki itp.)
- 1/2 szklanki serka śmietankowego
- Arkusze ciasta francuskiego

INSTRUKCJE:
a) Rozgrzej piekarnik do 400°F (200°C).
b) Rybę doprawiamy solą i pieprzem.
c) Smażyć mieszankę owoców morza aż do ugotowania, wymieszać z serkiem śmietankowym.
d) Rozwałkuj ciasto francuskie, ułóż rybę, posmaruj mieszanką owoców morza.
e) Owiń ciasto wokół ryby, zlep brzegi.
f) Piec 20-25 minut, aż ciasto będzie złociste.
g) Ciesz się tymi dodatkowymi przepisami Wellington!

11. Curry Żabnica Wellington

SKŁADNIKI:
- 4 filety z żabnicy
- Sól i pieprz do smaku
- 2 łyżki oliwy z oliwek
- 2 łyżki curry w proszku
- 1 cebula, drobno posiekana
- 2 ząbki czosnku, posiekane
- 1 szklanka mleka kokosowego
- 1 szklanka posiekanego szpinaku
- Arkusze ciasta francuskiego

INSTRUKCJE:
a) Rozgrzej piekarnik do 400°F (200°C).
b) Filety z żabnicy doprawiamy solą, pieprzem i curry.
c) Żabnicę obsmaż na oliwie z oliwek, aż się zarumieni ze wszystkich stron.
d) Na tej samej patelni podsmaż cebulę i czosnek, aż zmiękną.
e) Do rondelka wlej mleko kokosowe i zagotuj. Pozwól, aby mieszanina lekko zgęstniała.
f) Dodaj posiekany szpinak do mieszanki curry, mieszaj, aż zwiędnie.
g) Rozwałkuj ciasto francuskie i na każdym filecie połóż porcję mieszanki szpinakowo-curry.
h) Owiń ciasto francuskie wokół żabnicy, sklejając krawędzie.
i) Połóż owiniętą żabnicę na blasze do pieczenia i piecz przez 20-25 minut lub do momentu, aż ciasto będzie złotobrązowe.
j) Podawaj Curry Monkfish Wellington z ryżem lub ulubionymi dodatkami. Cieszyć się!

12. Dziczyzna Wellington

SKŁADNIKI:
- 4 filety z dziczyzny
- Sól i pieprz do smaku
- 2 łyżki oliwy z oliwek
- 1/2 szklanki czerwonego wina
- 1 cebula, drobno posiekana
- 2 ząbki czosnku, posiekane
- 8 uncji grzybów, drobno posiekanych
- 1 łyżka posiekanego świeżego tymianku
- musztarda Dijon
- Arkusze ciasta francuskiego
- 1 jajko (do posmarowania jajka)

INSTRUKCJE:
a) Rozgrzej piekarnik do 400°F (200°C).
b) Filety z dziczyzny dopraw solą i pieprzem.
c) Na rozgrzanej patelni na oliwie podsmaż filety ze wszystkich stron, aż się zarumienią.
d) Zdeglasuj patelnię czerwonym winem, zeskrobując przyrumienione kawałki. Odłożyć na bok.
e) Na tej samej patelni podsmaż cebulę i czosnek, aż zmiękną.
f) Dodaj grzyby i tymianek, smaż, aż grzyby puszczą wilgoć i staną się złotobrązowe.
g) Na podsmażone filety z dziczyzny posmaruj musztardą Dijon.
h) Na wierzch każdego filetu nałóż porcję mieszanki grzybów.
i) Rozwałkuj ciasto francuskie i zawiń każdy filet, sklejając krawędzie.
j) Zawinięte filety ułóż na blasze do pieczenia.
k) Aby uzyskać złoty kolor, posmaruj ciasto francuskie rozmąconym jajkiem.
l) Piec przez 20-25 minut lub do momentu, aż ciasto będzie złotobrązowe.
m) Podawaj Venison Wellington z redukcją czerwonego wina lub ulubionym sosem. Ciesz się tym eleganckim i aromatycznym daniem!

13. Wellington wołowy ze szpinakiem i grzybami kasztanowymi

SKŁADNIKI:

- 1,5 kg polędwicy wołowej
- Sól i czarny pieprz do smaku
- 2 łyżki oliwy z oliwek
- 1 funt grzybów kasztanowych, drobno posiekanych
- 2 ząbki czosnku, posiekane
- 2 szklanki świeżego szpinaku, posiekanego
- 2 łyżki musztardy Dijon
- 8 plasterków prosciutto
- Arkusze ciasta francuskiego
- 1 jajko (do posmarowania jajka)

INSTRUKCJE:

a) Rozgrzej piekarnik do 220°C (425°F).
b) Doprawić polędwicę wołową solą i czarnym pieprzem.
c) Na patelni rozgrzewamy oliwę z oliwek i obsmażamy wołowinę ze wszystkich stron, aż będzie rumiana. Odłożyć na bok.
d) Na tej samej patelni podsmaż grzyby i czosnek, aż grzyby puszczą wilgoć i staną się złociste.
e) Do masy grzybowej dodajemy posiekany szpinak i smażymy, aż zwiędnie. Pozwól mieszaninie ostygnąć.
f) Na smażoną polędwicę wołową posmaruj musztardą Dijon.
g) Ułóż plasterki prosciutto na arkuszu folii, lekko nachodząc na siebie.
h) Na prosciutto rozsmaruj mieszankę grzybów i szpinaku.
i) Połóż wołowinę na wierzchu i zawiń mieszaninę prosciutto i grzybów wokół wołowiny, tworząc wałek.
j) Rozwałkuj ciasto francuskie i owiń polędwicę wołową, sklejając krawędzie.
k) Dla uzyskania złocistego wykończenia posmaruj ciasto rozmąconym jajkiem.
l) Umieść owiniętą wołowinę na blasze do pieczenia i piecz przez 25-30 minut lub do momentu, aż ciasto będzie złotobrązowe.
m) Pozwól wołowinie Wellington odpocząć przez kilka minut przed pokrojeniem. Podawaj z ulubionym sosem i ciesz się smakiem!

14.Pasternak i Borowik Wellington

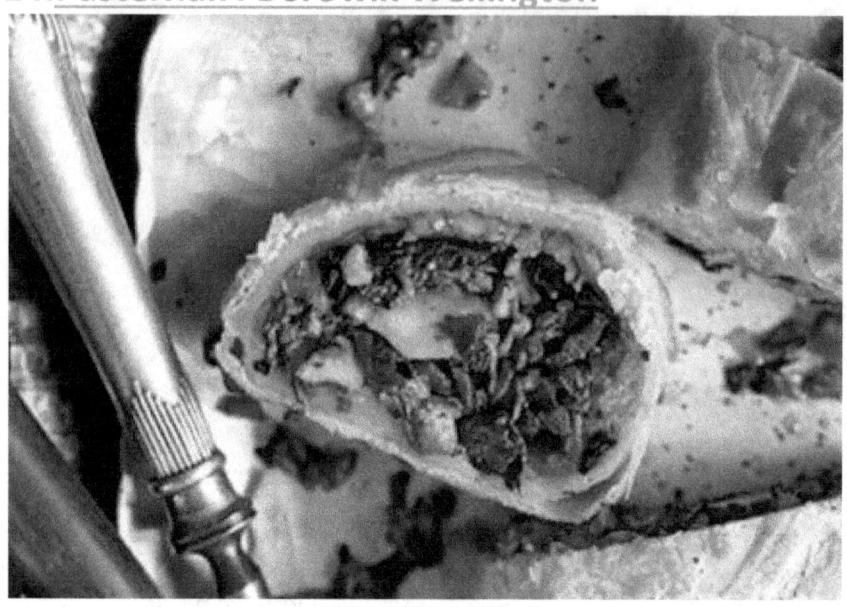

SKŁADNIKI:
- 2 szklanki suszonych borowików
- 1 szklanka wrzącej wody
- 2 łyżki oliwy z oliwek
- 1 cebula, drobno posiekana
- 3 ząbki czosnku, posiekane
- 4 pasternak, obrany i starty
- 1 szklanka bułki tartej
- 1/2 szklanki posiekanej świeżej pietruszki
- Sól i czarny pieprz do smaku
- Arkusze ciasta francuskiego
- 1 jajko (do posmarowania jajka)

INSTRUKCJE:
a) Rozgrzej piekarnik do 400°F (200°C).
b) Suszone borowiki włóż do miski i zalej wrzącą wodą. Pozwól im się namoczyć przez 20 minut, następnie odcedź i posiekaj.
c) Na patelni rozgrzej oliwę z oliwek i podsmaż cebulę i czosnek, aż zmiękną.
d) Dodaj starty pasternak na patelnię i gotuj, aż uwolnią wilgoć i staną się miękkie.
e) Wymieszaj posiekane borowiki, bułkę tartą i świeżą pietruszkę. Doprawić solą i czarnym pieprzem. Pozwól mieszaninie ostygnąć.
f) Rozwałkuj ciasto francuskie i posmaruj je mieszanką pasternaku i borowików.
g) Umieść mieszaninę pasternaku i borowików na środku ciasta, pozostawiając odstęp wokół krawędzi.
h) Złożyć ciasto na nadzienie, sklejając brzegi. W razie potrzeby możesz utworzyć wzór kratki na górze.
i) Dla uzyskania złocistego wykończenia posmaruj ciasto rozmąconym jajkiem.
j) Połóż owinięty Wellington na blasze do pieczenia i piecz przez 25-30 minut lub do momentu, aż ciasto będzie złotobrązowe.
k) Pozwól pasternakowi i porcini Wellington ostygnąć przez kilka minut przed pokrojeniem. Podawać z dodatkiem ulubionego sosu lub chutneyu. Cieszyć się!

15. Wegańskie Wellington z grzybami

SKŁADNIKI:
- 2 łyżki oliwy z oliwek
- 1 cebula, drobno posiekana
- 3 ząbki czosnku, posiekane
- 1 funt mieszanych grzybów (takich jak cremini, shiitake i ostryga), drobno posiekanych
- 1 szklanka posiekanego szpinaku
- 1/2 szklanki posiekanych orzechów włoskich
- 1 łyżka sosu sojowego
- 1 łyżeczka tymianku, suszonego
- Sól i czarny pieprz do smaku
- Arkusze ciasta francuskiego
- 1 łyżka mleka roślinnego (do posmarowania)
- Nasiona sezamu (opcjonalnie, do dekoracji)

INSTRUKCJE:
a) Rozgrzej piekarnik do 400°F (200°C).
b) Na patelni rozgrzej oliwę z oliwek i podsmaż cebulę i czosnek, aż zmiękną.
c) Na patelnię dodaj pokrojone grzyby i smaż, aż wilgoć odparuje.
d) Wymieszaj szpinak, orzechy włoskie, sos sojowy, tymianek, sól i czarny pieprz. Gotuj, aż szpinak zwiędnie. Pozwól mieszaninie ostygnąć.
e) Rozwałkuj ciasto francuskie i posmaruj je mieszanką grzybową.
f) Umieść mieszaninę grzybów na środku ciasta, pozostawiając odstęp wokół krawędzi.
g) Złożyć ciasto na nadzienie, sklejając brzegi. W razie potrzeby możesz utworzyć wzór kratki na górze.
h) Dla uzyskania złocistego wykończenia posmaruj ciasto mlekiem roślinnym. Opcjonalnie posypujemy wierzch sezamem.
i) Połóż owinięty Wellington na blasze do pieczenia i piecz przez 25-30 minut lub do momentu, aż ciasto będzie złotobrązowe.
j) Pozwól Vegan Mushroom Wellington ostygnąć przez kilka minut przed pokrojeniem. Podawać z wegańskim sosem lub ulubionym sosem. Ciesz się tą pyszną i roślinną wersją!

16. Wegańskie grzyby Miso, dynia i kasztan Wellington

SKŁADNIKI:
- 2 łyżki oliwy z oliwek
- 1 cebula, drobno posiekana
- 3 ząbki czosnku, posiekane
- 1 funt mieszanych grzybów (takich jak shiitake, cremini i ostryga), drobno posiekanych
- 1 szklanka dyni piżmowej, pokrojonej w kostkę
- 1 szklanka kasztanów, ugotowanych i posiekanych
- 2 łyżki pasty miso
- 1 łyżka sosu sojowego
- 1 łyżeczka tymianku, suszonego
- Sól i czarny pieprz do smaku
- Arkusze ciasta francuskiego
- 1 łyżka mleka roślinnego (do posmarowania)
- Nasiona sezamu (opcjonalnie, do dekoracji)

INSTRUKCJE:
a) Rozgrzej piekarnik do 400°F (200°C).
b) Na patelni rozgrzej oliwę z oliwek i podsmaż cebulę i czosnek, aż zmiękną.
c) Na patelnię dodaj pokrojone grzyby i smaż, aż wilgoć odparuje.
d) Wymieszaj pokrojoną w kostkę dynię piżmową, kasztany, pastę miso, sos sojowy, tymianek, sól i czarny pieprz. Gotuj, aż dynia będzie miękka. Pozwól mieszaninie ostygnąć.
e) Rozwałkuj ciasto francuskie i posmaruj je mieszanką grzybów, dyni i kasztanów.
f) Nadzienie układamy na środku ciasta, zostawiając odstęp na brzegach.
g) Złożyć ciasto na nadzienie, sklejając brzegi. W razie potrzeby możesz utworzyć wzór kratki na górze.
h) Dla uzyskania złocistego wykończenia posmaruj ciasto mlekiem roślinnym. Opcjonalnie posypujemy wierzch sezamem.
i) Połóż owinięty Wellington na blasze do pieczenia i piecz przez 25-30 minut lub do momentu, aż ciasto będzie złotobrązowe.
j) Pozwól wegańskim grzybom Miso, dyni i kasztanowi Wellington ostygnąć przez kilka minut przed pokrojeniem.
k) Podawać z wegańskim sosem lub ulubionym sosem. Ciesz się aromatycznym i roślinnym Wellingtonem!

17. Kalafior Wellington

SKŁADNIKI:

- 1 duża główka kalafiora
- 2 łyżki oliwy z oliwek
- 1 cebula, drobno posiekana
- 3 ząbki czosnku, posiekane
- 1 szklanka grzybów, drobno posiekanych
- 1 szklanka bułki tartej
- 1 szklanka posiekanego szpinaku
- 1 łyżka musztardy Dijon
- Arkusze ciasta francuskiego
- 1 łyżka mleka roślinnego (do posmarowania)
- Nasiona sezamu (opcjonalnie, do dekoracji)

INSTRUKCJE:

a) Rozgrzej piekarnik do 400°F (200°C).
b) Usuń liście i łodygę z kalafiora, pozostawiając główkę nienaruszoną.
c) Cały kalafior ugotuj na parze, aż będzie lekko miękki, ale nie za miękki.
d) Na patelni rozgrzej oliwę z oliwek i podsmaż cebulę i czosnek, aż zmiękną.
e) Na patelnię dodaj pokrojone grzyby i smaż, aż wilgoć odparuje.
f) Wymieszaj bułkę tartą i szpinak, aż mieszanina dobrze się połączy. Pozwól mu ostygnąć.
g) Na ugotowany na parze kalafior posmaruj musztardą Dijon.
h) Rozwałkuj ciasto francuskie i połóż kalafior na środku, przykryj mieszanką grzybów i szpinaku.
i) Złożyć ciasto na kalafior, sklejając jego brzegi. W razie potrzeby możesz utworzyć wzór kratki na górze.
j) Dla uzyskania złocistego wykończenia posmaruj ciasto mlekiem roślinnym. Opcjonalnie posypujemy wierzch sezamem.
k) Połóż owinięty Wellington na blasze do pieczenia i piecz przez 25-30 minut lub do momentu, aż ciasto będzie złotobrązowe.
l) Pozwól kalafiorowi Wellington ostygnąć przez kilka minut przed pokrojeniem. Podawać z wegańskim sosem lub ulubionym sosem. Rozkoszuj się tym pysznym i pożywnym wegańskim daniem!

18. Kalosze jagnięce z farszem z komosy ryżowej i ziół

SKŁADNIKI:
- 4 kotlety z polędwicy jagnięcej
- Sól i czarny pieprz do smaku
- 2 łyżki oliwy z oliwek
- 1 szklanka ugotowanej komosy ryżowej
- 1 cebula, drobno posiekana
- 3 ząbki czosnku, posiekane
- 1/2 szklanki mieszanych ziół (takich jak natka pietruszki, mięta i tymianek) posiekanych
- Skórka z jednej cytryny
- Arkusze ciasta francuskiego
- 1 jajko (do posmarowania jajka)

INSTRUKCJE:
a) Rozgrzej piekarnik do 400°F (200°C).
b) Kotlety z polędwicy jagnięcej doprawiamy solą i czarnym pieprzem.
c) Na patelni rozgrzej oliwę z oliwek i obsmaż kotlety z polędwicy jagnięcej, aż zrumienią się ze wszystkich stron. Odłożyć na bok.
d) Na tej samej patelni podsmaż cebulę i czosnek, aż zmiękną.
e) W misce wymieszaj ugotowaną komosę ryżową, podsmażoną cebulę, czosnek, mieszankę ziół i skórkę z cytryny. Pozwól mieszaninie ostygnąć.
f) Rozwałkuj ciasto francuskie i nałóż porcję farszu z komosy ryżowej i ziół na każdy kotlet polędwicy jagnięcej.
g) Połóż każdy kotlet jagnięcy na cieście, a następnie owiń ciasto wokół jagnięciny, sklejając krawędzie.
h) Dla uzyskania złocistego wykończenia posmaruj ciasto rozmąconym jajkiem.
i) Ułóż owinięte kalosze jagnięce na blasze do pieczenia i piecz przez 20-25 minut lub do momentu, aż ciasto będzie złotobrązowe.
j) Przed podaniem pozwól kaloszom jagnięcym z komosą ryżową i nadzieniem ziołowym odpocząć przez kilka minut. Ciesz się tymi aromatycznymi i eleganckimi kaloszami!

19. Indywidualne kalosze wołowe

SKŁADNIKI:

- 4 steki z polędwicy wołowej (6 uncji każdy)
- Sól i czarny pieprz do smaku
- 2 łyżki oliwy z oliwek
- 1 funt grzybów, drobno posiekanych
- 2 ząbki czosnku, posiekane
- 1/4 szklanki wytrawnego białego wina
- 2 łyżki musztardy Dijon
- 8 plasterków prosciutto
- Arkusze ciasta francuskiego
- 1 jajko (do posmarowania jajka)

INSTRUKCJE:

a) Rozgrzej piekarnik do 220°C (425°F).
b) Dopraw steki z polędwicy wołowej solą i czarnym pieprzem.
c) Na rozgrzanej patelni smaż steki na oliwie z oliwek, aż będą rumiane ze wszystkich stron. Odłożyć na bok.
d) Na tej samej patelni dodaj posiekane grzyby i czosnek. Gotuj, aż grzyby puszczą wilgoć.
e) Wlać białe wino i gotować, aż płyn odparuje. Zdjąć z ognia i pozostawić mieszaninę do ostygnięcia.
f) Każdy stek posmaruj musztardą Dijon.
g) Ułóż plasterki prosciutto na arkuszu folii, lekko nachodząc na siebie.
h) Rozłóż warstwę mieszanki grzybów na prosciutto.
i) Połóż stek z polędwicy wołowej na wierzchu i zawiń mieszaninę prosciutto i grzybów wokół steku, tworząc pojedyncze porcje.
j) Rozwałkuj ciasto francuskie i zawiń każdą porcję wołowiny, sklejając krawędzie.
k) Dla uzyskania złocistego wykończenia posmaruj ciasto rozmąconym jajkiem.
l) Połóż poszczególne Wellingtony wołowe na blasze do pieczenia i piecz przez 20-25 minut lub do momentu, aż ciasto będzie złotobrązowe.
m) Przed podaniem odczekaj kilka minut, aby poszczególne kalosze wołowe odpoczęły.
n) Podawać z ulubionym sosem, np. reduktorem z czerwonego wina lub sosem grzybowym.

20.Mini wołowina i prosciutto Wellington

SKŁADNIKI:
- 8 medalionów z polędwicy wołowej (o średnicy około 2 cali)
- Sól i czarny pieprz do smaku
- 1 łyżka oliwy z oliwek
- 1 szklanka grzybów, drobno posiekanych
- 1 ząbek czosnku, posiekany
- 2 łyżki czerwonego wina
- 2 łyżki musztardy Dijon
- 8 plasterków prosciutto
- Arkusze ciasta francuskiego
- 1 jajko (do posmarowania jajka)

INSTRUKCJE:
a) Rozgrzej piekarnik do 220°C (425°F).
b) Medaliony z polędwicy wołowej doprawiamy solą i czarnym pieprzem.
c) Na patelni rozgrzej oliwę i smaż medaliony ze wszystkich stron, aż się zarumienią. Odłożyć na bok.
d) Na tej samej patelni dodaj posiekane grzyby i czosnek. Gotuj, aż grzyby puszczą wilgoć.
e) Wlać czerwone wino i gotować, aż płyn odparuje. Zdjąć z ognia i pozostawić mieszaninę do ostygnięcia.
f) Posmaruj każdy medalion wołowy musztardą Dijon.
g) Ułóż plasterki prosciutto na arkuszu folii, lekko nachodząc na siebie.
h) Rozłóż warstwę mieszanki grzybów na prosciutto.
i) Połóż medalion wołowy na wierzchu i zawiń mieszaninę prosciutto i grzybów wokół medalionu, tworząc mini-paczki.
j) Rozwałkuj ciasto francuskie i zawiń każdą mini wołowinę Wellington, uszczelniając krawędzie.
k) Dla uzyskania złocistego wykończenia posmaruj ciasto rozmąconym jajkiem.
l) Połóż mini kalosze wołowe na blasze do pieczenia i piecz przez 15-20 minut lub do momentu, aż ciasto będzie złotobrązowe.
m) Przed podaniem odczekaj kilka minut, aby kalosze Mini Beef odpoczęły. Podawać jako elegancką przystawkę lub wyśmienitą przekąskę na imprezę.
n) Ciesz się tymi smakołykami wielkości kęsa!

21. Wellington z mieloną wołowiną

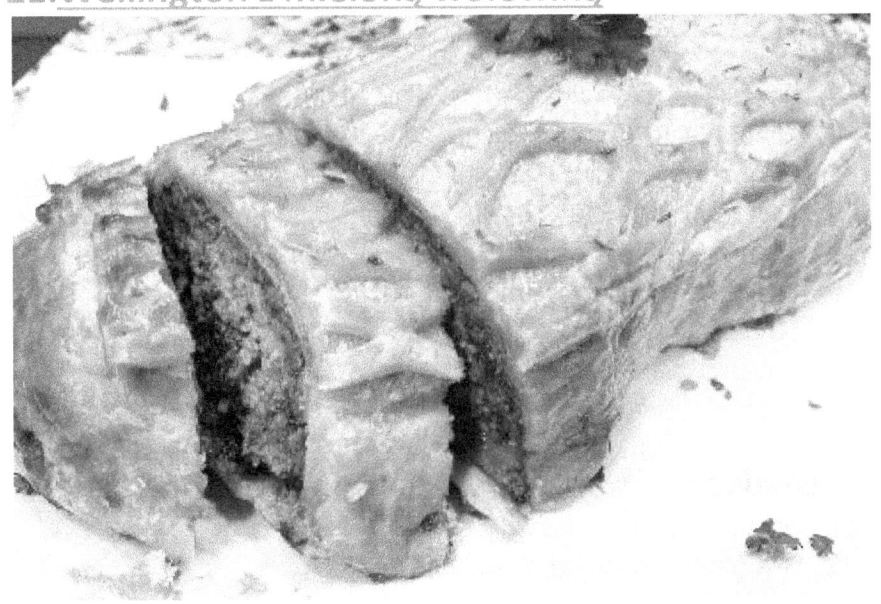

SKŁADNIKI:
- 1 funt mielonej wołowiny
- Sól i czarny pieprz do smaku
- 1 łyżka oliwy z oliwek
- 1 cebula, drobno posiekana
- 2 ząbki czosnku, posiekane
- 1 szklanka grzybów, drobno posiekanych
- 2 łyżki sosu Worcestershire
- 2 łyżki musztardy Dijon
- 1/2 szklanki bułki tartej
- Arkusze ciasta francuskiego
- 1 jajko (do posmarowania jajka)

INSTRUKCJE:
a) Rozgrzej piekarnik do 400°F (200°C).
b) Na patelni rozgrzej oliwę z oliwek i podsmaż cebulę i czosnek, aż zmiękną.
c) Dodaj mieloną wołowinę na patelnię i smaż, aż się zrumieni. Doprawić solą i czarnym pieprzem.
d) Dodaj posiekane grzyby do mieszanki wołowej i gotuj, aż grzyby puszczą wilgoć.
e) Wymieszaj sos Worcestershire, musztardę Dijon i bułkę tartą. Pozwól mieszaninie ostygnąć.
f) Rozwałkuj ciasto francuskie i posmaruj je mieszanką mielonej wołowiny.
g) Złożyć ciasto na nadzienie, sklejając brzegi. W razie potrzeby możesz utworzyć wzór kratki na górze.
h) Dla uzyskania złocistego wykończenia posmaruj ciasto rozmąconym jajkiem.
i) Umieść owiniętą mieloną wołowinę Wellington na blasze do pieczenia i piecz przez 25-30 minut lub do momentu, aż ciasto będzie złotobrązowe.
j) Pozwól mielonej wołowinie Wellington ostygnąć przez kilka minut przed pokrojeniem. Podawać z ulubionym sosem lub sosem. Ciesz się tą uproszczoną wersją klasycznego Wellingtona!

22. Wołowina Wellington z mieszanką grzybów kreolskich

SKŁADNIKI:
- 1,5 kg polędwicy wołowej
- Sól i czarny pieprz do smaku
- 2 łyżki oliwy z oliwek
- 1 szklanka grzybów cremini , drobno posiekanych
- 1 szklanka grzybów shiitake, drobno posiekanych
- 1 szklanka boczniaków, drobno posiekanych
- 1 cebula, drobno posiekana
- 2 ząbki czosnku, posiekane
- 1 łyżeczka tymianku, suszonego
- 1 łyżeczka papryki
- 1/2 łyżeczki pieprzu cayenne (dostosuj do smaku)
- 2 łyżki sosu Worcestershire
- Arkusze ciasta francuskiego
- musztarda Dijon
- 1 jajko (do posmarowania jajka)

INSTRUKCJE:
a) Rozgrzej piekarnik do 220°C (425°F).
b) Doprawić polędwicę wołową solą i czarnym pieprzem.
c) Na rozgrzanej patelni na oliwie podsmaż wołowinę, aż będzie rumiana ze wszystkich stron. Odłożyć na bok.
d) Na tej samej patelni podsmaż cebulę i czosnek, aż zmiękną.
e) dodaj cremini, shiitake i boczniaki. Gotuj, aż grzyby puszczą wilgoć.
f) Wymieszaj tymianek, paprykę, pieprz cayenne i sos Worcestershire. Gotuj, aż mieszanina dobrze się połączy. Pozwól mu ostygnąć.
g) Rozwałkuj ciasto francuskie i posmaruj wołowinę musztardą Dijon.
h) Połóż mieszaninę grzybów na wołowinie, równomiernie ją przykrywając.
i) Zawiń wołowinę w ciasto francuskie, sklejając brzegi. W razie potrzeby możesz utworzyć wzór kratki na górze.
j) Dla uzyskania złocistego wykończenia posmaruj ciasto rozmąconym jajkiem.
k) Umieść zawiniętą wołowinę Wellington na blasze do pieczenia i piecz przez 25-30 minut lub do momentu, aż ciasto będzie złotobrązowe.
l) Pozwól, aby wołowina Wellington z mieszanką grzybów kreolskich odpoczęła przez kilka minut przed pokrojeniem.

23. Wellington z wołowiną sous vide

SKŁADNIKI:
- 4 steki z polędwicy wołowej (6 uncji każdy)
- Sól i czarny pieprz do smaku
- 2 łyżki oliwy z oliwek
- W przypadku sous-vide:
- 1 łyżka oliwy z oliwek
- Świeże gałązki tymianku
- Ząbki czosnku, zmiażdżone
- 1 szklanka grzybów cremini, drobno posiekanych
- 1 szklanka grzybów shiitake, drobno posiekanych
- 1 szklanka boczniaków, drobno posiekanych
- 1 cebula, drobno posiekana
- 2 ząbki czosnku, posiekane
- 1 łyżeczka tymianku, suszonego
- 1 łyżeczka papryki
- 1/2 łyżeczki pieprzu cayenne (dostosuj do smaku)
- 2 łyżki sosu Worcestershire
- Arkusze ciasta francuskiego
- musztarda Dijon
- 1 jajko (do posmarowania jajka)

INSTRUKCJE:
PRZYGOTOWANIE SUS VIDE:

a) Rozgrzej kąpiel sous vide do pożądanego stopnia wysmażenia polędwicy wołowej (np. 54°C w przypadku polędwicy wołowej średnio wysmażonej).

b) Dopraw steki z polędwicy wołowej solą i czarnym pieprzem. Umieść je w torebkach sous vide z oliwą z oliwek, świeżym tymiankiem i rozgniecionymi ząbkami czosnku.

c) Gotuj wołowinę w kąpieli sous vide przez 1,5 do 4 godzin, w zależności od preferowanego stopnia wysmażenia.

MIESZANKA GRZYBOWA:

d) Na patelni rozgrzej oliwę z oliwek i podsmaż cebulę i czosnek, aż zmiękną.

e) dodaj cremini, shiitake i boczniaki. Gotuj, aż grzyby puszczą wilgoć.

f) Wymieszaj tymianek, paprykę, pieprz cayenne i sos Worcestershire. Gotuj, aż mieszanina dobrze się połączy. Pozwól mu ostygnąć.

MONTAŻ I PIECZENIE:

g) Rozgrzej piekarnik do 220°C (425°F).
h) Wyjmij polędwicę wołową z torebek sous vide i osusz ją.
i) Rozwałkuj ciasto francuskie i posmaruj wołowinę musztardą Dijon.
j) Połóż mieszaninę grzybów na wołowinie, równomiernie ją przykrywając.
k) Zawiń wołowinę w ciasto francuskie, sklejając brzegi. W razie potrzeby możesz utworzyć wzór kratki na górze.
l) Dla uzyskania złocistego wykończenia posmaruj ciasto rozmąconym jajkiem.
m) Umieść zawiniętą wołowinę Wellington na blasze do pieczenia i piecz przez 25-30 minut lub do momentu, aż ciasto będzie złotobrązowe.
n) Pozwól, aby wołowina Sous Vide Wellington odpoczęła przez kilka minut przed pokrojeniem. Podawać z ulubionym sosem lub redukcją czerwonego wina. Ciesz się tą podwyższoną wersją klasycznego Wellingtona wołowego!

24. Ciasto Wellington z wołowiną

SKŁADNIKI:
- 1,5 kg polędwicy wołowej, pokrojonej w kostkę
- Sól i czarny pieprz do smaku
- 2 łyżki oliwy z oliwek
- 1 cebula, drobno posiekana
- 2 ząbki czosnku, posiekane
- 1 szklanka grzybów cremini, pokrojonych w plasterki
- 1 szklanka marchewki, pokrojonej w kostkę
- 1 szklanka mrożonego groszku
- 1/4 szklanki mąki uniwersalnej
- 1 szklanka bulionu wołowego
- 1/2 szklanki czerwonego wina
- 1 łyżeczka tymianku, suszonego
- 1 opakowanie arkuszy ciasta francuskiego
- musztarda Dijon
- 1 jajko (do posmarowania jajka)

INSTRUKCJE:
a) Rozgrzej piekarnik do 400°F (200°C).
b) Kostki wołowe doprawiamy solą i czarnym pieprzem.
c) Na dużej patelni rozgrzej oliwę z oliwek na średnim ogniu. Smaż kostki wołowe, aż zrumienią się ze wszystkich stron. Usuń i odłóż na bok.
d) Na tej samej patelni dodaj cebulę, czosnek, grzyby i marchewkę. Smażyć, aż warzywa zmiękną.
e) Warzywa posypać mąką i wymieszać, żeby się nią pokryły. Gotuj przez 1-2 minuty, aby pozbyć się surowego smaku mąki.
f) Powoli wlewaj bulion wołowy i czerwone wino, cały czas mieszając, aby nie powstały grudki. Doprowadzić do wrzenia i pozwolić mu zgęstnieć.
g) Dodaj smażoną wołowinę z powrotem na patelnię. Dodaj mrożony groszek i suszony tymianek. Gotuj przez kilka minut, aż mieszanina będzie miała konsystencję przypominającą gulasz.
h) Rozwałkuj ciasto francuskie i pokrój je w koła lub kwadraty, w zależności od wielkości naczyń do serwowania.

i) Nadzienie wołowe rozłóż łyżką w osobnych naczyniach żaroodpornych lub naczyniu do zapiekania.
j) Rozłóż cienką warstwę musztardy Dijon na wierzchu mieszanki wołowej.
k) Na wierzchu nadzienia ułóż krążki lub kwadraty ciasta francuskiego, dociskając krawędzie, aby je uszczelnić.
l) Rozbij jajko i posmaruj nim ciasto francuskie, aby uzyskać złocisty kolor.
m) Piec w nagrzanym piekarniku przez 20-25 minut lub do momentu, aż ciasto będzie złotobrązowe i puszyste.
n) Przed podaniem poczekaj, aż Beef Wellington Pot Pies ostygną na kilka minut. Ciesz się pocieszającym i aromatycznym ciastem garnkowym z niespodzianką!

25. Wołowina Wellington Bites

SKŁADNIKI:
- 1 funt polędwicy wołowej, pokrojonej w małą kostkę
- Sól i czarny pieprz do smaku
- 2 łyżki oliwy z oliwek
- 1 szklanka grzybów cremini, drobno posiekanych
- 1 cebula, drobno posiekana
- 2 ząbki czosnku, posiekane
- 1 łyżka musztardy Dijon
- 1 opakowanie arkuszy ciasta francuskiego
- 1 jajko (do posmarowania jajka)

INSTRUKCJE:
a) Rozgrzej piekarnik do 400°F (200°C).
b) Kostki wołowe doprawiamy solą i czarnym pieprzem.
c) Na patelni rozgrzej oliwę z oliwek na średnim ogniu. Smaż kostki wołowe, aż zrumienią się ze wszystkich stron. Usuń i odłóż na bok.
d) Na tej samej patelni dodaj cebulę, czosnek i grzyby. Smażyć, aż grzyby puszczą wilgoć i mieszanina zacznie pachnieć.
e) Rozsmaruj cienką warstwę musztardy Dijon po obu stronach smażonych kostek wołowych.
f) Rozwałkuj ciasto francuskie i pokrój je w małe kwadraty lub kółka, w zależności od upodobań.
g) Na środek każdego kwadratu ciasta nałóż łyżkę mieszanki grzybowej.
h) Połóż kostkę wołowiny w panierce Dijon na mieszaninie grzybów.
i) Złóż ciasto na wołowinę i zlep brzegi, tworząc kalosze wielkości kęsa.
j) Rozbij jajko i posmaruj nim ciasto francuskie, aby uzyskać złocisty kolor.
k) Połóż Beef Wellington Bites na blasze do pieczenia i piecz przez 15-20 minut lub do momentu, aż ciasto będzie złotobrązowe i puszyste.
l) Przed podaniem odczekaj kilka minut, aż ukąszenia ostygną. Ułóż je na talerzu i ciesz się tymi eleganckimi smakołykami wielkości kęsa!

26. Wellington z wołowiną dla biednych ludzi

SKŁADNIKI:
- 1,5 kg pieczeni karkówki wołowej, obranej
- Sól i czarny pieprz do smaku
- 2 łyżki oliwy z oliwek
- 1 cebula, drobno posiekana
- 2 ząbki czosnku, posiekane
- 1 szklanka grzybów, drobno posiekanych
- 1 łyżka sosu Worcestershire
- Arkusze ciasta francuskiego
- musztarda Dijon
- 1 jajko (do posmarowania jajka)

INSTRUKCJE:

a) Rozgrzej piekarnik do 400°F (200°C).
b) Doprawić pieczeń karkówki wołowej solą i czarnym pieprzem.
c) Na dużej patelni nadającej się do pieczenia w piekarniku rozgrzej oliwę z oliwek na średnim ogniu. Smaż pieczeń karkówki wołowej ze wszystkich stron, aż się zarumieni. Usuń i odłóż na bok.
d) Na tej samej patelni dodaj cebulę, czosnek i grzyby. Smażyć, aż grzyby puszczą wilgoć i mieszanina zacznie pachnieć.
e) Dodaj sos Worcestershire i gotuj przez dodatkowe 2-3 minuty. Pozwól mieszaninie ostygnąć.
f) Rozwałkuj ciasto francuskie i nałóż warstwę musztardy Dijon na pieczeń karkówki wołowej.
g) Połóż mieszaninę grzybów na wierzchu wołowiny.
h) Owiń mieszaninę wołowiny i grzybów ciastem francuskim, sklejając krawędzie. W razie potrzeby możesz utworzyć wzór kratki na górze.
i) Rozbij jajko i posmaruj nim ciasto francuskie, aby uzyskać złocisty kolor.
j) Włóż patelnię do nagrzanego piekarnika i piecz przez 40-50 minut lub do momentu, aż ciasto będzie złotobrązowe, a wołowina będzie odpowiednio ugotowana.
k) Przed pokrojeniem odczekaj kilka minut, aż wołowina biednego człowieka odpocznie.
l) Podawaj kawałki tej niedrogiej wersji Beef Wellington z ulubionymi dodatkami. To pyszna i bardziej ekonomiczna wersja klasycznego dania!

27. Klopsiki Wellington

SKŁADNIKI:

NA Klopsiki:
- 1 funt mielonej wołowiny
- 1/2 szklanki bułki tartej
- 1/4 szklanki startego parmezanu
- 1/4 szklanki mleka
- 1 jajko
- 2 ząbki czosnku, posiekane
- 1 łyżeczka suszonego oregano
- Sól i czarny pieprz do smaku

NA PIECZARKI DUXELLES:
- 2 szklanki grzybów, drobno posiekanych
- 2 łyżki masła
- 2 ząbki czosnku, posiekane
- Sól i czarny pieprz do smaku
- 2 łyżki posiekanej świeżej pietruszki

DO MONTAŻU:
- Arkusze ciasta francuskiego
- musztarda Dijon
- 1 jajko (do posmarowania jajka)

INSTRUKCJE:

NA Klopsiki:

a) Rozgrzej piekarnik do 400°F (200°C).

b) W misce wymieszaj mieloną wołowinę, bułkę tartą, parmezan, mleko, jajko, mielony czosnek, suszone oregano, sól i czarny pieprz. Dobrze wymieszaj.

c) Z powstałej mieszanki uformuj klopsiki i połóż je na blasze do pieczenia.

d) Piec w nagrzanym piekarniku przez 15-20 minut lub do momentu, aż klopsiki będą ugotowane.

NA PIECZARKI DUXELLES:

e) Na patelni rozpuść masło na średnim ogniu. Dodać posiekane grzyby i posiekany czosnek.

f) Gotuj grzyby, aż uwolnią wilgoć i staną się złotobrązowe.

g) Doprawić solą i czarnym pieprzem oraz wymieszać z posiekaną świeżą natką pietruszki. Odstawić do ostygnięcia.

DO MONTAŻU:

h) Rozwałkuj ciasto francuskie i pokrój je w kwadraty, po jednym na każdy klopsik.
i) Na każdym kwadracie rozsmaruj cienką warstwę musztardy Dijon.
j) Na środek każdego kwadratu nałóż łyżkę grzybów .
k) Na mieszaninie grzybów ułóż upieczony klopsik.
l) Złóż ciasto francuskie na klopsiki, sklejając krawędzie. W razie potrzeby możesz utworzyć wzór kratki na górze.
m) Rozbij jajko i posmaruj nim ciasto francuskie, aby uzyskać złocisty kolor.
n) Ułóż kalosze z klopsikami na blasze do pieczenia i piecz przez 20-25 minut lub do momentu, aż ciasto będzie złotobrązowe.

28. Wellington z mieloną wołowiną w frytownicy powietrznej

SKŁADNIKI:

- 1 funt mielonej wołowiny
- Sól i czarny pieprz do smaku
- 1 łyżka oliwy z oliwek
- 1 cebula, drobno posiekana
- 2 ząbki czosnku, posiekane
- 1 szklanka grzybów, drobno posiekanych
- 1 łyżka sosu Worcestershire
- Arkusze ciasta francuskiego
- musztarda Dijon
- 1 jajko (do posmarowania jajka)

INSTRUKCJE:

a) Rozgrzej frytownicę do 190°C (375°F).
b) Na patelni rozgrzej oliwę z oliwek na średnim ogniu. Dodać cebulę, czosnek i grzyby. Smażyć, aż grzyby puszczą wilgoć i mieszanina zacznie pachnieć.
c) Dodaj mieloną wołowinę na patelnię i smaż, aż się zrumieni. Doprawić solą i czarnym pieprzem.
d) Dodaj sos Worcestershire i gotuj przez dodatkowe 2-3 minuty. Pozwól mieszaninie ostygnąć.
e) Rozwałkuj ciasto francuskie i połóż warstwę musztardy Dijon na mieszance mielonej wołowiny.
f) Połóż schłodzoną mieszankę mielonej wołowiny na wierzchu ciasta francuskiego.
g) Owiń mieszankę mielonej wołowiny ciastem francuskim, sklejając krawędzie. W razie potrzeby możesz utworzyć wzór kratki na górze.
h) Rozbij jajko i posmaruj nim ciasto francuskie, aby uzyskać złocisty kolor.
i) Umieść owiniętą mieloną wołowinę Wellington w koszu frytkownicy.
j) Smażyć na powietrzu przez 15-20 minut lub do momentu, aż ciasto francuskie będzie złotobrązowe.
k) Pozwól mielonej wołowinie Wellington ostygnąć przez kilka minut przed pokrojeniem.

29. Leszcz Wellington Z Kalafiorem, Ogórkiem i Rzodkiewką

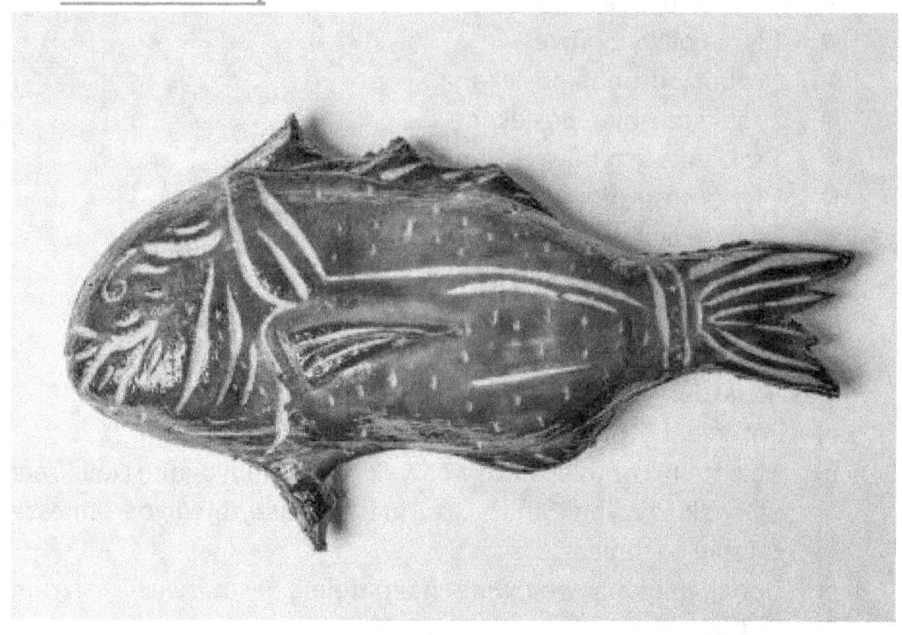

SKŁADNIKI:

- 4 filety z dorady
- Sól i czarny pieprz do smaku
- 2 łyżki oliwy z oliwek
- 1 kalafior, podzielony na różyczki
- 1 ogórek, pokrojony w cienkie plasterki
- 1 pęczek rzodkiewek, pokrojonych w cienkie plasterki
- 2 łyżki musztardy Dijon
- Arkusze ciasta francuskiego
- 1 jajko (do posmarowania jajka)

INSTRUKCJE:

a) Rozgrzej piekarnik do 400°F (200°C).
b) Filety z dorady dopraw solą i czarnym pieprzem.
c) Na patelni rozgrzej oliwę z oliwek na średnim ogniu. Filety z dorady obsmaż z obu stron do lekkiego zarumienienia. Odłożyć na bok.
d) Na tę samą patelnię dodaj różyczki kalafiora i smaż, aż zaczną mięknąć. Odstawić do ostygnięcia.
e) Rozwałkuj ciasto francuskie i posmaruj musztardą Dijon każdy filet z dorady.
f) Na każdym arkuszu ciasta ułóż warstwę smażonego filetu z dorady, zostawiając odstęp na brzegach.
g) Na filetach z dorady ułóż różyczki kalafiora, plasterki ogórka i plasterki rzodkiewki.
h) Złożyć ciasto francuskie na nadzienie rybno-warzywne, sklejając brzegi. W razie potrzeby możesz utworzyć wzór kratki na górze.
i) Rozbij jajko i posmaruj nim ciasto francuskie, aby uzyskać złocisty kolor.
j) Połóż Wellingtony doradcze na blasze do pieczenia i piecz przez 20-25 minut lub do momentu, aż ciasto będzie złotobrązowe.
k) Przed podaniem odczekaj kilka minut, aż dorada Wellington z kalafiorem, ogórkiem i rzodkiewką odpocznie. Podawać z ulubionym sosem lub lekkim dressingiem ziołowym. Ciesz się tym eleganckim i aromatycznym daniem!

30. Wellington z wołowiną w stylu teksańskim

SKŁADNIKI:
- 2 funty polędwicy wołowej
- Sól i czarny pieprz do smaku
- 2 łyżki oliwy z oliwek
- 1 szklanka karmelizowanej cebuli
- 1 szklanka ugotowanego i posiekanego mostka (pozostałego lub kupionego w sklepie)
- 1/4 szklanki sosu barbecue
- Arkusze ciasta francuskiego
- musztarda Dijon
- 1 jajko (do posmarowania jajka)

INSTRUKCJE:
a) Rozgrzej piekarnik do 400°F (200°C).
b) Doprawić polędwicę wołową solą i czarnym pieprzem.
c) Na patelni rozgrzej oliwę z oliwek na średnim ogniu. Obsmaż polędwicę wołową ze wszystkich stron, aż się zarumieni. Odłożyć na bok.
d) Na tej samej patelni wymieszaj karmelizowaną cebulę, posiekany mostek i sos barbecue. Gotuj kilka minut, aż smaki się połączą. Pozwól mieszaninie ostygnąć.
e) Rozwałkuj ciasto francuskie i posmaruj musztardą Dijon polędwicę wołową.
f) Połóż warstwę mieszanki mostka i karmelizowanej cebuli na wołowinie pokrytej musztardą.
g) Owiń mieszaninę wołowiny i mostka ciastem francuskim, sklejając krawędzie. W razie potrzeby możesz utworzyć wzór kratki na górze.
h) Rozbij jajko i posmaruj nim ciasto francuskie, aby uzyskać złocisty kolor.
i) Umieść zawiniętą wołowinę Wellington w stylu teksańskim na blasze do pieczenia i piecz przez 25-30 minut lub do momentu, aż ciasto będzie złotobrązowe.
j) Pozwól, aby wołowina Texas Style Beef Wellington odpoczęła przez kilka minut przed pokrojeniem. Podawać z dodatkowym sosem barbecue. Rozkoszuj się tą teksańską odmianą klasycznego Wellingtona wołowego z bogatym smakiem karmelizowanej cebuli i mostka!

31. Warzywa Wellington

SKŁADNIKI:
- 1 duży bakłażan, pokrojony w cienkie plasterki
- 2 cukinie, pokrojone w cienkie paski
- 1 czerwona papryka, pokrojona w cienkie plasterki
- 1 żółta papryka, pokrojona w cienkie plasterki
- 1 szklanka pomidorków koktajlowych, przekrojonych na połówki
- 2 szklanki posiekanego szpinaku
- 1 szklanka sera feta, pokruszonego
- 2 łyżki oliwy z oliwek
- 2 ząbki czosnku, posiekane
- Sól i czarny pieprz do smaku
- Arkusze ciasta francuskiego
- musztarda Dijon
- 1 jajko (do posmarowania jajka)

INSTRUKCJE:
a) Rozgrzej piekarnik do 400°F (200°C).
b) Na patelni rozgrzej oliwę z oliwek na średnim ogniu. Dodaj posiekany czosnek i smaż, aż zacznie pachnieć.
c) Na patelnię dodaj pokrojone bakłażany, cukinię i paprykę. Gotuj, aż warzywa zmiękną. Doprawić solą i czarnym pieprzem.
d) Wymieszać z posiekanym szpinakiem i pomidorkami koktajlowymi. Gotuj, aż szpinak zwiędnie, a pomidory zmiękną. Pozwól mieszaninie ostygnąć.
e) Rozwałkuj ciasto francuskie i posmaruj musztardą Dijon.
f) Ugotowaną mieszankę warzywną połóż na cieście pokrytym musztardą.
g) Posyp warzywa pokruszonym serem feta.
h) Nałóż ciasto francuskie na nadzienie warzywno-serowe, sklejając brzegi. W razie potrzeby możesz utworzyć wzór kratki na górze.
i) Rozbij jajko i posmaruj nim ciasto francuskie, aby uzyskać złocisty kolor.
j) Umieść owinięte warzywa Wellington na blasze do pieczenia i piecz przez 25-30 minut lub do momentu, aż ciasto będzie złotobrązowe.
k) Pozwól warzywom Wellington ostygnąć przez kilka minut przed pokrojeniem.

32. Jackalope Wellington

SKŁADNIKI:
- 2 funty mięsa z dziczyzny lub królika, cienko rozbite
- Sól i czarny pieprz do smaku
- 2 łyżki oliwy z oliwek
- 1 szklanka grzybów leśnych (takich jak smardze lub kurki), drobno posiekanych
- 1 cebula, drobno posiekana
- 2 ząbki czosnku, posiekane
- 1/4 szklanki czerwonego wina
- Arkusze ciasta francuskiego
- musztarda Dijon
- 1 jajko (do posmarowania jajka)

INSTRUKCJE:
a) Rozgrzej piekarnik do 400°F (200°C).
b) Ubite mięso z dziczyzny lub królika doprawiamy solą i czarnym pieprzem.
c) Na patelni rozgrzej oliwę z oliwek na średnim ogniu. Smaż cebulę i czosnek, aż zmiękną.
d) Na patelnię dodaj pokrojone grzyby leśne i smaż, aż puszczą wilgoć.
e) Wlać czerwone wino i gotować, aż płyn odparuje. Pozwól mieszaninie ostygnąć.
f) Rozwałkuj ciasto francuskie i posmaruj mięso musztardą Dijon.
g) Na mięso pokryte musztardą nałóż warstwę mieszanki grzybów.
h) Owinąć mieszaninę mięsno-grzybową ciastem francuskim, sklejając brzegi. W razie potrzeby możesz utworzyć wzór kratki na górze.
i) Rozbij jajko i posmaruj nim ciasto francuskie, aby uzyskać złocisty kolor.
j) Umieść owinięty Jackalope Wellington na blasze do pieczenia i piecz przez 25-30 minut lub do momentu, aż ciasto będzie złotobrązowe.
k) Pozwól Jackalope Wellington odpocząć przez kilka minut przed pokrojeniem. Podawać z sosem z dzikich jagód lub ulubionymi dodatkami. Ciesz się tym pomysłowym i aromatycznym daniem!

33. Włoska wołowina Wellington

SKŁADNIKI:
- 2 funty polędwicy wołowej
- Sól i czarny pieprz do smaku
- 2 łyżki oliwy z oliwek
- 1 szklanka prosciutto, pokrojonego w cienkie plasterki
- 1 szklanka grzybów, drobno posiekanych
- 1 szklanka posiekanego szpinaku
- 1 szklanka sera ricotta
- 2 ząbki czosnku, posiekane
- 1 łyżeczka suszonego oregano
- Arkusze ciasta francuskiego
- 1 jajko (do posmarowania jajka)

INSTRUKCJE:
a) Rozgrzej piekarnik do 400°F (200°C).
b) Doprawić polędwicę wołową solą i czarnym pieprzem.
c) Na patelni rozgrzej oliwę z oliwek na średnim ogniu. Obsmaż polędwicę wołową ze wszystkich stron, aż się zarumieni. Odłożyć na bok.
d) Na tę samą patelnię dodaj prosciutto i smaż, aż stanie się lekko chrupiące. Zdejmij z patelni i odłóż na bok.
e) Na tej samej patelni dodaj grzyby i czosnek. Gotuj, aż grzyby puszczą wilgoć.
f) Dodajemy posiekany szpinak i smażymy, aż zwiędnie. Zdjąć z ognia i pozostawić mieszaninę do ostygnięcia.
g) Rozwałkuj ciasto francuskie i połóż warstwę sera ricotta na polędwicy wołowej.
h) Na ricottę połóż warstwę prosciutto.
i) Na prosciutto rozsmaruj mieszankę grzybów i szpinaku.
j) Złóż ciasto francuskie na warstwową wołowinę i nadzienie, sklejając krawędzie. W razie potrzeby możesz utworzyć wzór kratki na górze.
k) Rozbij jajko i posmaruj nim ciasto francuskie, aby uzyskać złocisty kolor.

l) Umieść zawiniętą włoską wołowinę Wellington na blasze do pieczenia i piecz przez 25-30 minut lub do momentu, aż ciasto będzie złotobrązowe.
m) Pozwól włoskiej wołowinie Wellington odpocząć przez kilka minut przed pokrojeniem. Podawać z dodatkiem sosu marinara lub redukcji balsamicznej.
n) Ciesz się inspirowaną kuchnią włoską odmianą klasycznego Wellingtona!

34. Wegetariańska soczewica Wellington

SKŁADNIKI:
NA NADZIENIE Z SOCZEWICY:
- 1 szklanka suszonej zielonej lub brązowej soczewicy, ugotowanej
- 1 cebula, drobno posiekana
- 2 ząbki czosnku, posiekane
- 1 marchewka, starta
- 1 łodyga selera, drobno posiekana
- 1 szklanka grzybów, drobno posiekanych
- 1 łyżeczka suszonego tymianku
- 1 łyżeczka suszonego rozmarynu
- Sól i czarny pieprz do smaku
- 2 łyżki koncentratu pomidorowego
- 1/2 szklanki bulionu warzywnego
- 1 szklanka świeżego szpinaku, posiekanego

DLA WELLINGTONA:
- Arkusze ciasta francuskiego
- musztarda Dijon
- 1 jajko (do posmarowania jajka)

INSTRUKCJE:
NA NADZIENIE Z SOCZEWICY:
a) Na patelni na oliwie podsmaż cebulę i czosnek, aż zmiękną.
b) Dodać startą marchewkę, posiekany seler i grzyby. Gotuj, aż warzywa będą miękkie.
c) Wymieszaj ugotowaną soczewicę, tymianek, rozmaryn, sól i czarny pieprz.
d) Dodać koncentrat pomidorowy i bulion warzywny. Gotuj, aż mieszanina zgęstnieje.
e) Dodać posiekany świeży szpinak i smażyć, aż zwiędnie. Pozwól mieszaninie ostygnąć.

DLA WELLINGTONA:
f) Rozgrzej piekarnik do 400°F (200°C).
g) Rozwałkuj ciasto francuskie i posmaruj je cienką warstwą musztardy Dijon.
h) Rozłóż mieszaninę soczewicy i warzyw na środku ciasta.

i) Nałóż ciasto francuskie na nadzienie z soczewicy, sklejając krawędzie. W razie potrzeby możesz utworzyć wzór kratki na górze.
j) Rozbij jajko i posmaruj nim ciasto francuskie, aby uzyskać złocisty kolor.
k) Połóż Veggie Lentil Wellington na blasze do pieczenia i piecz przez 25-30 minut lub do momentu, aż ciasto będzie złotobrązowe.
l) Pozwól, aby warzywna soczewica Wellington odpoczęła przez kilka minut przed pokrojeniem. Podawać z dodatkiem ulubionego wegetariańskiego sosu lub sosu. Rozkoszuj się pożywnym i aromatycznym wegetariańskim Wellingtonem!

35.Portobello, Pekan i Kasztan Wellington

SKŁADNIKI:
DO WYPEŁNIENIA:
- 4 duże grzyby Portobello, usunięte łodygi
- 1 szklanka orzechów pekan, podprażonych i posiekanych
- 1 szklanka kasztanów, uprażonych i obranych
- 2 łyżki oliwy z oliwek
- 1 cebula, drobno posiekana
- 3 ząbki czosnku, posiekane
- 1 łyżeczka listków świeżego tymianku
- Sól i czarny pieprz do smaku
- 1 szklanka świeżego szpinaku, posiekanego
- 1/2 szklanki bułki tartej
- 1/2 szklanki bulionu warzywnego

DLA WELLINGTONA:
- Arkusze ciasta francuskiego
- musztarda Dijon
- 1 jajko (do posmarowania jajka)

INSTRUKCJE:
DO WYPEŁNIENIA:
a) Rozgrzej piekarnik do 400°F (200°C).
b) Połóż grzyby Portobello na blasze do pieczenia. Skropić oliwą z oliwek, doprawić solą i pieprzem i piec około 15-20 minut, aż będą miękkie. Pozwól im ostygnąć.
c) Na patelni na oliwie podsmaż cebulę i czosnek, aż zmiękną.
d) Na patelnię dodaj posiekane kasztany, prażone orzechy pekan i świeży tymianek. Gotuj przez kilka minut, aż zacznie pachnieć.
e) Dodajemy świeży szpinak i smażymy, aż zwiędnie.
f) Na patelnię dodajemy bułkę tartą i bulion warzywny, tworząc wilgotne nadzienie. Doprawić solą i pieprzem.
g) Usuń skrzela ze schłodzonych grzybów Portobello i połóż je na arkuszu folii, lekko nachodząc na siebie.
h) Rozłóż mieszaninę orzechów, kasztanów i szpinaku na grzybach.
i) Zwiń grzyby i napełnij je w kształt kłody, używając plastikowego opakowania. Schładzamy w lodówce około 30 minut.

DLA WELLINGTONA:

j) Rozgrzej piekarnik do 400°F (200°C).
k) Rozwałkuj ciasto francuskie i posmaruj je cienką warstwą musztardy Dijon.
l) Rozwiń schłodzony grzyb i nadzienie i umieść je na środku ciasta.
m) Złóż ciasto francuskie na wałek, sklejając krawędzie. W razie potrzeby możesz utworzyć wzór kratki na górze.
n) Rozbij jajko i posmaruj nim ciasto francuskie, aby uzyskać złocisty kolor.
o) Umieść pieczone grzyby Portobello, orzechy pekan i kasztan Wellington na blasze do pieczenia i piecz przez 25-30 minut lub do momentu, aż ciasto będzie złotobrązowe.
p) Pozwól Wellingtonowi odpocząć przez kilka minut przed pokrojeniem. Podawać z dodatkiem ulubionego sosu grzybowego lub sosu. Ciesz się eleganckim i aromatycznym wegetariańskim Wellingtonem!

36. Wellington wieprzowy

SKŁADNIKI:
DLA WIEPRZOWYCH:
- 2 funty polędwicy wieprzowej
- Sól i czarny pieprz do smaku
- 2 łyżki oliwy z oliwek
- musztarda Dijon

NA PIECZARKI DUXELLES:
- 2 szklanki grzybów, drobno posiekanych
- 2 łyżki masła
- 2 ząbki czosnku, posiekane
- Sól i czarny pieprz do smaku
- 2 łyżki posiekanej świeżej pietruszki

DO MONTAŻU:
- Arkusze ciasta francuskiego
- Plasterki prosciutto
- 1 jajko (do posmarowania jajka)

INSTRUKCJE:
DLA WIEPRZOWYCH:
a) Rozgrzej piekarnik do 400°F (200°C).
b) Polędwiczkę wieprzową doprawiamy solą i czarnym pieprzem.
c) Na patelni rozgrzej oliwę z oliwek na średnim ogniu. Obsmaż polędwiczkę wieprzową ze wszystkich stron, aż się zarumieni. Odstawić do ostygnięcia.
d) Po ostygnięciu posmaruj wieprzowinę musztardą Dijon.

NA PIECZARKI DUXELLES:
e) Na tej samej patelni rozpuść masło na średnim ogniu. Dodaj posiekany czosnek i smaż, aż zacznie pachnieć.
f) Dodaj pokrojone grzyby na patelnię i smaż, aż puszczą wilgoć.
g) Doprawić solą i czarnym pieprzem. Dodaj świeżą pietruszkę i gotuj, aż mieszanina dobrze się połączy. Pozwól mu ostygnąć.

DO MONTAŻU:
h) Rozwałkuj ciasto francuskie i ułóż na nim plasterki prosciutto, lekko nakładając się na siebie.
i) Na prosciutto rozsmaruj cienką warstwę grzybów duxelles.

j) Połóż polędwiczkę wieprzową posmarowaną Dijon na mieszance grzybów.
k) Ciasto francuskie obłóż wieprzowiną i sklej brzegi. W razie potrzeby możesz utworzyć wzór kratki na górze.
l) Rozbij jajko i posmaruj nim ciasto francuskie, aby uzyskać złocisty kolor.
m) Połóż Wellingtona wieprzowego na blasze do pieczenia i piecz przez 25-30 minut lub do momentu, aż ciasto będzie złotobrązowe.
n) Pozwól wieprzowinie Wellington odpocząć przez kilka minut przed pokrojeniem. Podawać z dodatkiem ulubionego sosu lub sosu. Ciesz się tą pyszną i elegancką wersją klasycznego Wellingtona!

37. Wellington z grillowaną wołowiną

SKŁADNIKI:
DO WOŁOWINY:
- 2 funty polędwicy wołowej
- Sól i czarny pieprz do smaku
- 2 łyżki oliwy z oliwek
- musztarda Dijon

NA PIECZARKI DUXELLES:
- 2 szklanki grzybów, drobno posiekanych
- 2 łyżki masła
- 2 ząbki czosnku, posiekane
- Sól i czarny pieprz do smaku
- 2 łyżki posiekanej świeżej pietruszki

DO MONTAŻU:
- Arkusze ciasta francuskiego
- Plasterki prosciutto
- 1 jajko (do posmarowania jajka)

INSTRUKCJE:
DO WOŁOWINY:
a) Rozgrzej grill na średnio-wysokim ogniu.
b) Doprawić polędwicę wołową solą i czarnym pieprzem.
c) Smaż wołowinę na rozgrzanym grillu przez kilka minut z każdej strony, aby dobrze się przysmażyła. Ten krok jest niezbędny, aby zamknąć soki.
d) Pozwól grillowanej wołowinie ostygnąć, a następnie posmaruj ją musztardą Dijon.

NA PIECZARKI DUXELLES:
e) Na patelni rozpuść masło na średnim ogniu. Dodaj posiekany czosnek i smaż, aż zacznie pachnieć.
f) Dodaj pokrojone grzyby na patelnię i smaż, aż puszczą wilgoć.
g) Doprawić solą i czarnym pieprzem. Dodaj świeżą pietruszkę i gotuj, aż mieszanina dobrze się połączy. Pozwól mu ostygnąć.

DO MONTAŻU:
h) Rozwałkuj ciasto francuskie na czystej powierzchni.
i) Na wierzchu ciasta francuskiego układamy plasterki prosciutto, lekko nachodząc na siebie.

j) Na prosciutto rozsmaruj cienką warstwę grzybów duxelles.
k) Połóż grillowaną polędwicę wołową posmarowaną Dijon na mieszance grzybów.
l) Ciasto francuskie obtocz wołowinę i sklej brzegi. W razie potrzeby możesz utworzyć wzór kratki na górze.
m) Rozbij jajko i posmaruj nim ciasto francuskie, aby uzyskać złocisty kolor.
n) Ostrożnie przenieś zawiniętego Wellingtona na grill. Używaj pośredniego ogrzewania, aby uniknąć spalenia spodu ciasta.
o) Grilluj Beef Wellington przez około 20-25 minut lub do momentu, aż ciasto będzie złotobrązowe, a wewnętrzna temperatura wołowiny osiągnie pożądany poziom wysmażenia.
p) Pozwól grillowanej wołowinie Wellington odpocząć przez kilka minut przed pokrojeniem. Podawać z dodatkiem ulubionego sosu lub sosu. Ciesz się wędzoną dobrocią z grilla!

38.Indyk z figami i szałwią Wellington

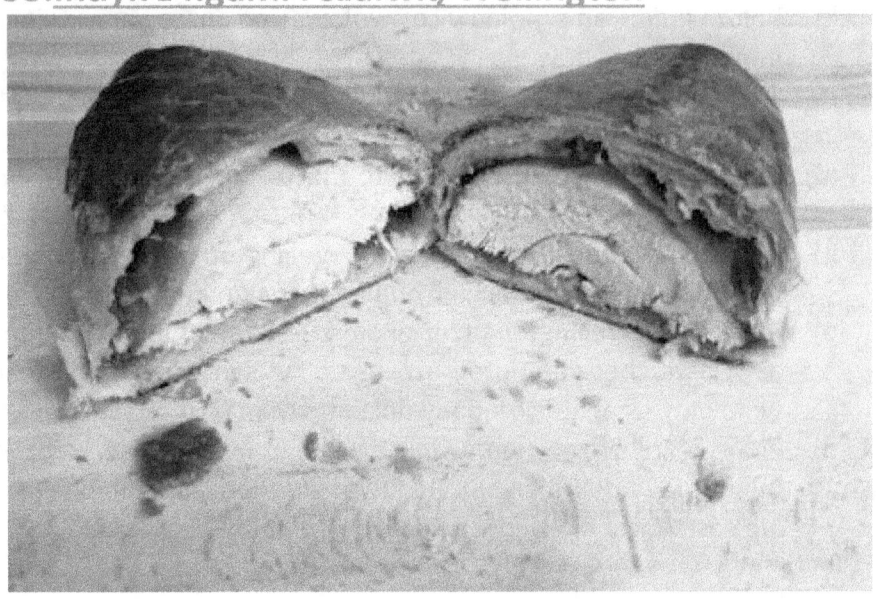

SKŁADNIKI:
DLA TURCJI:
- 2 funty piersi z indyka, bez kości i skóry
- Sól i czarny pieprz do smaku
- 2 łyżki oliwy z oliwek
- musztarda Dijon

NA farsz z fig i szałwii:
- 1 szklanka suszonych fig, posiekanych
- 1 szklanka bułki tartej
- 1/2 szklanki posiekanych orzechów pekan
- 1/4 szklanki posiekanych świeżych liści szałwii
- 1 cebula, drobno posiekana
- 2 ząbki czosnku, posiekane
- 2 łyżki masła
- Sól i czarny pieprz do smaku
- 1/2 szklanki bulionu z kurczaka lub indyka

DO MONTAŻU:
- Arkusze ciasta francuskiego
- Plasterki prosciutto
- 1 jajko (do posmarowania jajka)

INSTRUKCJE:
DLA TURCJI:
a) Rozgrzej piekarnik do 400°F (200°C).
b) Pierś z indyka dopraw solą i czarnym pieprzem.
c) Na patelni rozgrzej oliwę z oliwek na średnim ogniu. Smaż pierś z indyka, aż się zarumieni ze wszystkich stron. Odstawić do ostygnięcia.
d) Po ostygnięciu posmaruj indyka musztardą Dijon.

NA farsz z fig i szałwii:
e) Na tej samej patelni rozpuść masło na średnim ogniu. Dodać posiekaną cebulę i czosnek. Smażyć, aż zmięknie.
f) Na patelnię dodaj posiekane figi, bułkę tartą, orzechy pekan i świeżą szałwię. Gotuj przez kilka minut, aż mieszanina dobrze się połączy .

g) Doprawić solą i czarnym pieprzem. Wlać bulion z kurczaka lub indyka, aby zwilżyć farsz. Pozwól mu ostygnąć.

DO MONTAŻU:

h) Rozwałkuj ciasto francuskie na czystej powierzchni.
i) Na wierzchu ciasta francuskiego układamy plasterki prosciutto, lekko nachodząc na siebie.
j) Na prosciutto rozsmaruj cienką warstwę farszu z fig i szałwii.
k) Na farszu ułóż pierś z indyka posmarowaną Dijon.
l) Ciasto francuskie obłóż indykiem i sklej brzegi. W razie potrzeby możesz utworzyć wzór kratki na górze.
m) Rozbij jajko i posmaruj nim ciasto francuskie, aby uzyskać złocisty kolor.
n) Umieść owinięty filet z indyka z figami i szałwią na blasze do pieczenia i piecz przez 30-35 minut lub do momentu, aż ciasto będzie złotobrązowe.
o) Pozwól indykowi z figami i szałwią odpocząć przez kilka minut przed pokrojeniem. Podawać z dodatkiem sosu żurawinowego lub sosu z indyka. Ciesz się tym świątecznym i aromatycznym Wellingtonem!

39. Wellington z serem pleśniowym i wołowiną

SKŁADNIKI:
DO WOŁOWINY:
- 2 funty polędwicy wołowej
- Sól i czarny pieprz do smaku
- 2 łyżki oliwy z oliwek
- musztarda Dijon

DUXELLE Z SEREM BŁĘKITNYM I GRZYBAMI:
- 2 szklanki grzybów, drobno posiekanych
- 2 łyżki masła
- 2 ząbki czosnku, posiekane
- Sól i czarny pieprz do smaku
- 1/2 szklanki sera pleśniowego, pokruszonego
- 2 łyżki świeżych liści tymianku

DO MONTAŻU:
- Arkusze ciasta francuskiego
- Plasterki prosciutto
- 1 jajko (do posmarowania jajka)

INSTRUKCJE:
DO WOŁOWINY:
a) Rozgrzej piekarnik do 400°F (200°C).
b) Doprawić polędwicę wołową solą i czarnym pieprzem.
c) Na patelni rozgrzej oliwę z oliwek na średnim ogniu. Obsmaż polędwicę wołową ze wszystkich stron, aż się zarumieni. Odstawić do ostygnięcia.
d) Po ostygnięciu posmaruj wołowinę musztardą Dijon.

DUXELLE Z SEREM BŁĘKITNYM I GRZYBAMI:
e) Na tej samej patelni rozpuść masło na średnim ogniu. Dodaj posiekany czosnek i smaż, aż zacznie pachnieć.
f) Dodaj pokrojone grzyby na patelnię i smaż, aż puszczą wilgoć.
g) Doprawić solą i czarnym pieprzem. Wymieszać z pokruszonym serem pleśniowym i świeżym tymiankiem. Gotuj, aż mieszanina dobrze się połączy. Pozwól mu ostygnąć.

DO MONTAŻU:
h) Rozwałkuj ciasto francuskie na czystej powierzchni.

i) Na wierzchu ciasta francuskiego układamy plasterki prosciutto, lekko nachodząc na siebie.
j) Rozłóż cienką warstwę sera pleśniowego i grzybów na prosciutto.
k) Połóż polędwicę wołową szczotkowaną Dijon na duxelles.
l) Rozwałkuj ciasto francuskie na wołowinie i duxelles, sklejając krawędzie. W razie potrzeby możesz utworzyć wzór kratki na górze.
m) Rozbij jajko i posmaruj nim ciasto francuskie, aby uzyskać złocisty kolor.
n) Umieść owinięty ser pleśniowy i wołowinę Wellington na blasze do pieczenia i piecz przez 25-30 minut lub do momentu, aż ciasto będzie złotobrązowe.

40. Polędwiczka wieprzowa z pieczonym ciastem francuskim

SKŁADNIKI:
- 1 arkusz ciasta francuskiego
- 1 filet wieprzowy
- 6 plasterków boczku
- 6 plasterków sera
- 1 jajko, ubite

INSTRUKCJE:
a) Rozgrzej piekarnik do 220°C.
b) Filet doprawiamy pieprzem i obsmażamy na patelni.
c) Zarezerwuj i pozwól ostygnąć.
d) Rozciągnij arkusz ciasta francuskiego.
e) W środkowej części ułożyć plastry sera, a następnie plastry boczku tak, aby następnie zawinęły polędwicę.
f) Gdy polędwica ostygnie, ułóż ją na boczku.
g) Na koniec zamknij ciasto francuskie.
h) Polędwiczkę wieprzową owiniętą w ciasto francuskie smarujemy roztrzepanym jajkiem i wstawiamy do piekarnika na około 30 minut.

PL CROÛTE

41. Łosoś belgijski w cieście francuskim

SKŁADNIKI:
- 2 arkusze ciasta francuskiego, rozmrożone, jeśli zostało zamrożone
- 2 filety z łososia, pozbawione skóry
- 1 szklanka świeżych liści szpinaku
- 4 uncje serka śmietankowego, zmiękczonego
- 2 łyżki posiekanego świeżego koperku
- 1 łyżka musztardy Dijon
- Sól i pieprz do smaku
- 1 roztrzepane jajko (do posmarowania jajek)

INSTRUKCJE:

a) Rozgrzej piekarnik do 200°C (400°F). Blachę do pieczenia wyłóż papierem pergaminowym.

b) Rozwałkuj każdy arkusz ciasta francuskiego na lekko posypanej mąką powierzchni, aż będzie wystarczająco duży, aby owinąć wokół jednego fileta z łososia.

c) W misce wymieszaj miękki serek śmietankowy, posiekany świeży koperek, musztardę Dijon, sól i pieprz. Dobrze wymieszaj, aby połączyć.

d) Na każdym rozwałkowanym arkuszu ciasta francuskiego ułożyć po jednym filecie z łososia. Łososia doprawiamy solą i pieprzem.

e) Na każdym filecie z łososia rozłóż warstwę świeżych liści szpinaku.

f) Rozłóż równomiernie masę serową na warstwie szpinaku, przykrywając filety z łososia.

g) Ostrożnie złóż ciasto francuskie na łososia i nadzienie, sklejając krawędzie, dociskając je do siebie. W razie potrzeby odetnij nadmiar ciasta.

h) Przełóż owinięte kawałki łososia na przygotowaną blachę do pieczenia, łączeniem do dołu.

i) Posmaruj wierzch każdej paczki ciasta francuskiego rozmąconym jajkiem, aby uzyskać złotą i błyszczącą skórkę.

j) Za pomocą ostrego noża wykonaj kilka nacięć na wierzchu każdego ciasta, aby umożliwić ujście pary podczas pieczenia.

k) Piec w nagrzanym piekarniku przez około 20-25 minut lub do momentu, aż ciasto francuskie będzie złotobrązowe, a łosoś będzie ugotowany.

l) Wyjmij łososia belgijskiego w cieście francuskim z piekarnika i odstaw na kilka minut przed podaniem.

m) Łososia pokroić w plasterki Kroić w grube porcje i podawać na gorąco. Świetnie komponuje się z dodatkiem warzyw gotowanych na parze lub świeżą sałatką.

42. Seitan En Croute

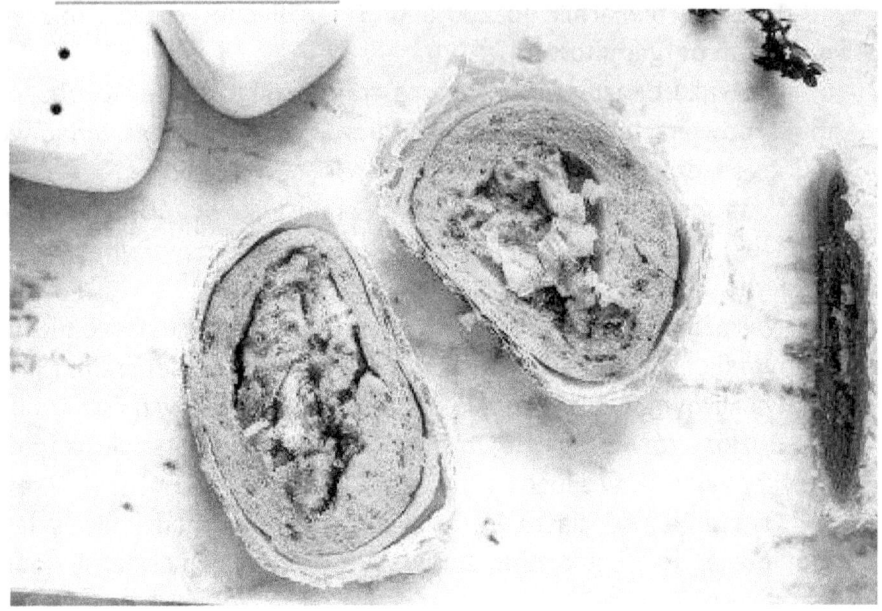

SKŁADNIKI:
- 1 łyżka oliwy z oliwek
- 2 średnie szalotki, posiekane
- uncje białych grzybów, posiekanych
- $1/4$ szklanki Madery
- 1 łyżka posiekanej świeżej natki pietruszki
- $1/2$ łyżeczki suszonego tymianku
- $1/2$ łyżeczki suszonego cząbru
- 2 szklanki drobno posiekanych kostek suchego chleba
- Sól i świeżo zmielony czarny pieprz
- 1 zamrożony arkusz ciasta francuskiego, rozmrożony
- (o grubości $1/4$ cala) plastry seitanu o wymiarach około 3 x 4 cale owali lub prostokątów, osuszone

INSTRUKCJE:

a) Na dużej patelni rozgrzej olej na średnim ogniu.

b) Dodaj szalotkę i smaż, aż zmięknie, około 3 minut. Dodaj grzyby i smaż, mieszając od czasu do czasu, aż grzyby zmiękną, około 5 minut.

c) Dodaj Madierę, pietruszkę, tymianek i cząber i gotuj, aż płyn prawie odparuje. Wymieszaj kostki chleba i dopraw solą i pieprzem do smaku. Odstawić do ostygnięcia.

d) Połóż arkusz ciasta francuskiego na dużym kawałku folii plastikowej na płaskiej powierzchni roboczej. Przykryj kolejnym kawałkiem folii i za pomocą wałka lekko rozwałkuj ciasto, aby je wygładzić. Ciasto pokroić na ćwiartki.

e) Na środku każdego kawałka ciasta umieść 1 plasterek seitanu. Rozdzielić farsz pomiędzy nimi, rozprowadzając go tak, aby przykrył seitan. Na każdym z nich ułóż pozostałe plasterki seitanu. Złóż ciasto, aby zamknąć nadzienie, zaciskając krawędzie palcami, aby je zamknąć.

f) Ułóż opakowania ciasta łączeniem do dołu na dużej, nienatłuszczonej blasze do pieczenia i wstaw do lodówki na 30 minut.

g) Rozgrzej piekarnik do 400°F. Piec, aż skórka będzie złotobrązowa, około 20 minut. Natychmiast podawaj.

43.Kurczak i Grzyby En Croûte

SKŁADNIKI:
- 4 piersi z kurczaka
- Sól i czarny pieprz do smaku
- Oliwa z oliwek
- 1 szklanka grzybów, pokrojona w plasterki
- 2 ząbki czosnku, posiekane
- Arkusze ciasta francuskiego
- Ser topiony
- Świeże liście tymianku
- 1 jajko (do posmarowania jajka)

INSTRUKCJE:
a) Rozgrzej piekarnik do 400°F (200°C).
b) Piersi z kurczaka doprawiamy solą i czarnym pieprzem.
c) Na patelni na oliwie podsmaż pieczarki i czosnek do miękkości.
d) Rozwałkuj ciasto francuskie i posmaruj warstwą serka śmietankowego.
e) Na wierzchu ułóż pierś kurczaka, połóż na niej grzyby i posyp świeżym tymiankiem.
f) Nałóż ciasto francuskie na kurczaka, sklejając jego brzegi.
g) Roztrzep jajko i posmaruj nim ciasto francuskie.
h) Piec przez 25-30 minut lub do momentu, aż ciasto będzie złotobrązowe.

44. Warzywa En Croûte

SKŁADNIKI:
- 1 bakłażan, pokrojony w plasterki
- 2 cukinie, pokrojone w plasterki
- 1 czerwona papryka, pokrojona w plasterki
- Oliwa z oliwek
- Sól i czarny pieprz do smaku
- Arkusze ciasta francuskiego
- Sos Pesto
- Ser feta, pokruszony
- 1 jajko (do posmarowania jajka)

INSTRUKCJE:
a) Rozgrzej piekarnik do 400°F (200°C).
b) Plasterki bakłażana, cukinii i czerwonej papryki wymieszać z oliwą, solą i czarnym pieprzem.
c) Rozwałkuj ciasto francuskie i posmaruj warstwą sosu pesto.
d) Na cieście pokrytym pesto ułóż plastry warzyw, posyp pokruszoną fetą.
e) Nałóż ciasto francuskie na warzywa, sklejając ich brzegi.
f) Roztrzep jajko i posmaruj nim ciasto francuskie.
g) Piec przez 20-25 minut lub do momentu, aż ciasto będzie złotobrązowe.

45. Wołowina i ser pleśniowy En Croûte

SKŁADNIKI:

- 1 funt polędwicy wołowej, pokrojonej w cienkie plasterki
- Sól i czarny pieprz do smaku
- Oliwa z oliwek
- Arkusze ciasta francuskiego
- Ser pleśniowy, pokruszony
- Karmelizowane cebule
- 1 jajko (do posmarowania jajka)

INSTRUKCJE:

a) Rozgrzej piekarnik do 400°F (200°C).
b) Plasterki wołowiny doprawiamy solą i czarnym pieprzem.
c) Na patelni podsmaż plastry wołowiny na oliwie z oliwek, aż się zarumienią.
d) Rozwałkuj ciasto francuskie i połóż na nim ser pleśniowy.
e) Na wierzchu ułożyć plastry wołowiny, dodać karmelizowaną cebulę.
f) Złóż ciasto francuskie na wołowinę i cebulę, sklejając krawędzie.
g) Roztrzep jajko i posmaruj nim ciasto francuskie.
h) Piec przez 20-25 minut lub do momentu, aż ciasto będzie złotobrązowe.

46.Szpinak i Feta En Croûte

SKŁADNIKI:
- Arkusze ciasta francuskiego
- 2 szklanki świeżego szpinaku, posiekanego
- 1 szklanka sera feta, pokruszonego
- 1/4 szklanki orzeszków piniowych
- 2 ząbki czosnku, posiekane
- Oliwa z oliwek
- Sól i czarny pieprz do smaku
- 1 jajko (do posmarowania jajka)

INSTRUKCJE:
a) Rozgrzej piekarnik do 400°F (200°C).
b) Rozwałkuj ciasto francuskie i połóż warstwę posiekanego świeżego szpinaku.
c) Posyp szpinak pokruszonym serem feta, orzeszkami pinii i mielonym czosnkiem.
d) Skropić oliwą z oliwek i doprawić solą i czarnym pieprzem.
e) Nałóż ciasto francuskie na nadzienie, sklejając krawędzie.
f) Roztrzep jajko i posmaruj nim ciasto francuskie.
g) Piec przez 20-25 minut lub do momentu, aż ciasto będzie złotobrązowe.

47. Ratatouille En Croûte

SKŁADNIKI:

- Arkusze ciasta francuskiego
- 1 bakłażan, pokrojony w plasterki
- 2 cukinie, pokrojone w plasterki
- 1 papryka, pokrojona w kostkę
- 1 cebula, pokrojona w kostkę
- 2 pomidory, pokrojone w plasterki
- Oliwa z oliwek
- zioła prowansalskie
- Sól i czarny pieprz do smaku
- 1 jajko (do posmarowania jajka)

INSTRUKCJE:

a) Rozgrzej piekarnik do 400°F (200°C).
b) Rozwałkuj ciasto francuskie i ułóż na nim pokrojone bakłażany, cukinię, paprykę, cebulę i pomidora.
c) Skropić oliwą z oliwek, posypać ziołami prowansalskimi, solą i czarnym pieprzem.
d) Nałóż ciasto francuskie na warzywa, sklejając ich brzegi.
e) Roztrzep jajko i posmaruj nim ciasto francuskie.
f) Piec przez 25-30 minut lub do momentu, aż ciasto będzie złotobrązowe.

48. Krewetki i szparagi En Croûte

SKŁADNIKI:
- Arkusze ciasta francuskiego
- 1 funt krewetek, obranych i oczyszczonych
- 1 pęczek szparagów, przyciętych
- 2 łyżki oliwy z oliwek
- Czosnek w proszku
- Skórki z cytryny
- Sól i czarny pieprz do smaku
- 1 jajko (do posmarowania jajka)

INSTRUKCJE:
a) Rozgrzej piekarnik do 400°F (200°C).
b) Rozwałkuj ciasto francuskie i ułóż na nim krewetki i szparagi.
c) Skrop oliwą, posyp czosnkiem w proszku, skórką z cytryny, solą i czarnym pieprzem.
d) Złóż ciasto francuskie na krewetki i szparagi, sklejając krawędzie.
e) Roztrzep jajko i posmaruj nim ciasto francuskie.
f) Piec przez 20-25 minut lub do momentu, aż ciasto będzie złotobrązowe.

49. Jabłko i Brie En Croûte

SKŁADNIKI:
- Arkusze ciasta francuskiego
- 2 jabłka, pokrojone w cienkie plasterki
- Ser Brie, pokrojony w plasterki
- 1/4 szklanki miodu
- 1/4 szklanki posiekanych orzechów włoskich
- Cynamon
- 1 jajko (do posmarowania jajka)

INSTRUKCJE:
a) Rozgrzej piekarnik do 400°F (200°C).
b) Rozwałkuj ciasto francuskie i ułóż na nim pokrojone jabłka i brie.
c) Skropić miodem, posypać posiekanymi orzechami włoskimi i odrobiną cynamonu.
d) Złóż ciasto francuskie na jabłka i Brie, sklejając krawędzie.
e) Roztrzep jajko i posmaruj nim ciasto francuskie.
f) Piec przez 20-25 minut lub do momentu, aż ciasto będzie złotobrązowe.

50.Brie en Croute

SKŁADNIKI:
- 1 kółko sera Brie (około 8 uncji)
- 1 arkusz ciasta francuskiego, rozmrożonego
- 2-3 łyżki przetworów owocowych (dobrze sprawdzają się morela, figa lub malina)
- 1 jajko (do posmarowania jajka)
- Krakersy lub pokrojona bagietka (do podania)

INSTRUKCJE:
a) Rozgrzej piekarnik do 400°F (200°C).
b) Rozwałkuj ciasto francuskie na lekko posypanej mąką powierzchni, upewniając się, że jest wystarczająco duże, aby całkowicie przykryć Brie.
c) Umieść kółko Brie na środku ciasta francuskiego.
d) Rozłóż konfiturę owocową na wierzchu Brie. Możesz użyć grzbietu łyżki, aby delikatnie równomiernie go rozprowadzić.
e) Złóż ciasto francuskie na Brie, całkowicie je zakrywając. Uszczelnij krawędzie, dociskając je do siebie.
f) Roztrzep jajko i posmaruj nim całą powierzchnię ciasta francuskiego. Dzięki temu po upieczeniu uzyska piękny złoty kolor.
g) Zawinięte ciasto Brie ułożyć na blasze wyłożonej papierem do pieczenia.
h) Piec w nagrzanym piekarniku przez 20-25 minut lub do momentu, aż ciasto francuskie będzie złotobrązowe i chrupiące.
i) Pozwól Brie En Croûte ostudzić przez kilka minut przed podaniem.
j) Podawać z krakersami lub pokrojoną bagietką. Aby dodać słodyczy, na wierzch można posypać dodatkową konfiturą owocową.
k) Ciesz się lepką, rozpływającą się dobrocią Brie zawiniętą w kruche ciasto francuskie!
l) Ta Brie En Croûte to elegancka i przyjemna przekąska na różne okazje.

51. Rustykalny pasztet en Croûte

SKŁADNIKI:
NA PÂTE:
- 1 funt łopatki wieprzowej, drobno zmielonej
- 1/2 funta wątróbek drobiowych, przyciętych
- 1/2 szklanki boczku, drobno posiekanego
- 1 mała cebula, drobno posiekana
- 2 ząbki czosnku, posiekane
- 1 łyżeczka suszonego tymianku
- 1 łyżeczka suszonego rozmarynu
- 1/2 szklanki brandy
- Sól i czarny pieprz do smaku
- 1 jajko (do posmarowania jajka)

DO SKORUPY:
- 2 arkusze ciasta francuskiego, rozmrożone
- musztarda Dijon

INSTRUKCJE:
NA PÂTE:
a) Rozgrzej piekarnik do 190°C (375°F).
b) Na patelni podsmaż boczek, aż zacznie się rumienić. Dodać cebulę i czosnek i smażyć, aż zmiękną.
c) Na patelnię dodaj mieloną wieprzowinę, wątróbki drobiowe, tymianek, rozmaryn, sól i czarny pieprz. Gotuj, aż mięso się zrumieni.
d) Wlej brandy i gotuj na wolnym ogniu przez kilka minut, aż większość płynu odparuje. Pozwól mieszaninie ostygnąć.

DO SKORUPY:
e) Rozwałkuj jeden arkusz ciasta francuskiego na lekko posypanej mąką powierzchni.
f) Ciasto posmaruj cienką warstwą musztardy Dijon.
g) Połóż schłodzoną masę pasztetową na środku ciasta.
h) Rozwałkuj drugi arkusz ciasta francuskiego i połóż go na mieszance pasztetu.
i) Zlep brzegi ciasta, upewniając się, że nie ma żadnych dziur.
j) Ubij jajko i posmaruj nim całą powierzchnię ciasta, aby uzyskać złoty kolor.

k) Za pomocą noża utwórz dekoracyjne wzory na cieście.
l) Połóż Pâté en Croûte na blasze wyłożonej papierem do pieczenia.
m) Piec w nagrzanym piekarniku przez 35-40 minut lub do momentu, aż ciasto będzie złotobrązowe.
n) Pozwól na rustykalny pasztet en Croûte chwilę przestudzić przed pokrojeniem.
o) Podawaj rustykalny pasztet en Croûte z korniszonami, musztardą Dijon i chrupiącym pieczywem to wyśmienita przekąska. Ciesz się bogatymi i pikantnymi smakami!

52. Filet de Boeuf en Croûte

SKŁADNIKI:
DO WOŁOWINY:
- 2 funty polędwicy wołowej
- Sól i czarny pieprz do smaku
- 2 łyżki oliwy z oliwek
- musztarda Dijon

NA PIECZARKI DUXELLES:
- 2 szklanki grzybów, drobno posiekanych
- 2 łyżki masła
- 2 ząbki czosnku, posiekane
- Sól i czarny pieprz do smaku
- 2 łyżki świeżych liści tymianku

DO MONTAŻU:
- Arkusze ciasta francuskiego
- Plasterki prosciutto
- 1 jajko (do posmarowania jajka)

INSTRUKCJE:
DO WOŁOWINY:
a) Rozgrzej piekarnik do 400°F (200°C).
b) Doprawić polędwicę wołową solą i czarnym pieprzem.
c) Na patelni rozgrzej oliwę z oliwek na średnim ogniu. Obsmaż polędwicę wołową ze wszystkich stron, aż się zarumieni. Odstawić do ostygnięcia.
d) Po ostygnięciu posmaruj wołowinę musztardą Dijon.

NA PIECZARKI DUXELLES:
e) Na tej samej patelni rozpuść masło na średnim ogniu. Dodaj posiekany czosnek i smaż, aż zacznie pachnieć.
f) Dodaj pokrojone grzyby na patelnię i smaż, aż puszczą wilgoć.
g) Doprawić solą i czarnym pieprzem. Dodaj świeży tymianek i gotuj, aż mieszanina dobrze się połączy . Pozwól mu ostygnąć.

DO MONTAŻU:
h) Rozwałkuj ciasto francuskie na czystej powierzchni.
i) Na wierzchu ciasta francuskiego układamy plasterki prosciutto, lekko nachodząc na siebie.
j) Na prosciutto rozsmaruj cienką warstwę grzybów duxelles .

k) Połóż polędwicę wołową szczotkowaną Dijon na duxelles .
l) Rozwałkuj ciasto francuskie na wołowinie i duxelles , sklejając krawędzie. W razie potrzeby możesz utworzyć wzór kratki na górze.
m) Rozbij jajko i posmaruj nim ciasto francuskie, aby uzyskać złocisty kolor.
n) Połóż zawinięty Filet de Boeuf en Croûte na blasze do pieczenia i piecz przez 25-30 minut lub do momentu, aż ciasto będzie złotobrązowe.
o) Zezwól na Filet de Boeuf en Croûte odpocznie przez kilka minut przed pokrojeniem. Podawać z redukcją czerwonego wina lub ulubionym sosem. Ciesz się tym inspirowanym kuchnią francuską wołowiną Wellington!

53. Pasztet z Kaczki w Croûte

SKŁADNIKI:
NA NADZIENIE Z KACZKI:
- 1 funt mięsa z kaczki, drobno zmielonego
- 1/2 funta łopatki wieprzowej, drobno zmielonej
- 1/2 szklanki wątróbki kaczej, drobno posiekanej
- 1 mała cebula, drobno posiekana
- 2 ząbki czosnku, posiekane
- 2 łyżki brandy
- 1 łyżeczka suszonego tymianku
- 1 łyżeczka suszonego rozmarynu
- Sól i czarny pieprz do smaku

DO SKORUPY:
- 2 arkusze ciasta francuskiego, rozmrożone
- 1 jajko (do posmarowania jajka)

INSTRUKCJE:
NA NADZIENIE Z KACZKI:
a) Rozgrzej piekarnik do 190°C (375°F).
b) W dużej misce wymieszaj mieloną kaczkę, mieloną wieprzowinę, posiekaną wątróbkę kaczą, posiekaną cebulę, posiekany czosnek, brandy, suszony tymianek, suszony rozmaryn, sól i czarny pieprz. Dobrze wymieszaj, aż wszystkie składniki zostaną równomiernie rozłożone.
c) Na patelni ugotuj niewielką ilość mieszanki do smaku. W razie potrzeby dostosuj sól i pieprz.

DO SKORUPY:
d) Rozwałkuj jeden arkusz ciasta francuskiego na lekko posypanej mąką powierzchni. To będzie baza.
e) Połóż połowę mieszanki kaczej na wierzchu rozwałkowanego ciasta francuskiego, uformuj wałek wzdłuż środka.
f) Rozwałkuj drugi arkusz ciasta francuskiego i połóż go na mieszance kaczki, sklejając brzegi. W razie potrzeby odetnij nadmiar ciasta.
g) Rozbij jajko i posmaruj nim całą powierzchnię ciasta francuskiego, aby uzyskać złoty kolor.
h) Za pomocą noża utwórz dekoracyjne wzory na cieście.

i) Połóż pasztet z kaczki Croûte na blasze wyłożonej papierem do pieczenia.
j) Piec w nagrzanym piekarniku przez 35-40 minut lub do momentu, aż ciasto będzie złotobrązowe, a temperatura wewnętrzna osiągnie co najmniej 160°F (71°C).
k) Pozwól na pasztet z kaczki en Croûte chwilę przestudzić przed pokrojeniem.
l) Podawaj pasztet z kaczki en Croûte z chrupiącym pieczywem, musztardą Dijon i piklami na elegancką przystawkę lub część deski wędliniarskiej. Ciesz się bogatymi i pikantnymi smakami tego klasycznego francuskiego dania!

54. Kurczak pl Croûte z salami, serem szwajcarskim i pleśnią

SKŁADNIKI:
NA NADZIENIE Z KURCZAKA:
- 4 piersi z kurczaka bez kości i skóry
- Sól i czarny pieprz do smaku
- 2 szklanki świeżego szpinaku, posiekanego
- 1/2 szklanki pikantnego salami, pokrojonego w cienkie plasterki
- 1/2 szklanki sera szwajcarskiego, startego
- 1/4 szklanki sera pleśniowego, pokruszonego
- 2 ząbki czosnku, posiekane
- 2 łyżki oliwy z oliwek

NA CIASTO FRANCUSKIE:
- 2 arkusze ciasta francuskiego, rozmrożone
- musztarda Dijon

DO MONTAŻU:
- 1 jajko (do posmarowania jajka)

INSTRUKCJE:
NA NADZIENIE Z KURCZAKA:
a) Rozgrzej piekarnik do 400°F (200°C).
b) Piersi z kurczaka doprawiamy solą i czarnym pieprzem.
c) Na patelni rozgrzej oliwę z oliwek na średnim ogniu. Podsmaż posiekany czosnek, aż zacznie pachnieć.
d) Na patelnię dodajemy posiekany szpinak i smażymy, aż zwiędnie. Zdjąć z ognia i pozostawić do ostygnięcia.
e) Rozłóż piersi z kurczaka i lekko je spłaszcz za pomocą tłuczka do mięsa.
f) Na każdą pierś kurczaka posmaruj musztardą Dijon.
g) Równomiernie rozprowadź smażony szpinak, pikantne salami, ser szwajcarski i ser pleśniowy na każdej piersi kurczaka.
h) Każdą pierś z kurczaka zwiń w rulon, aby przykryć nadzienie. W razie potrzeby zabezpieczyć wykałaczkami.

NA CIASTO FRANCUSKIE:
i) Rozwałkuj jeden arkusz ciasta francuskiego na lekko posypanej mąką powierzchni.
j) Połóż zwinięte piersi z kurczaka na środku ciasta francuskiego.

k) Rozwałkuj drugi arkusz ciasta francuskiego i połóż go na kurczaku, sklejając brzegi. W razie potrzeby odetnij nadmiar ciasta.
l) Rozbij jajko i posmaruj nim całą powierzchnię ciasta francuskiego, aby uzyskać złoty kolor.
m) Za pomocą noża utwórz dekoracyjne wzory na cieście.
n) Umieść kurczaka pl Croûte na blasze wyłożonej papierem do pieczenia.
o) Piec w nagrzanym piekarniku przez 25-30 minut lub do momentu, aż ciasto będzie złotobrązowe, a wewnętrzna temperatura kurczaka osiągnie 74°C.
p) Pozwól kurczakowi pl Croûte odpocznie przez kilka minut przed pokrojeniem.

55. Łosoś en Croûte w frytownicy powietrznej

SKŁADNIKI:
NA ŁOSOSA:
- 4 filety z łososia
- Sól i czarny pieprz do smaku
- 1 łyżka musztardy Dijon
- 1 łyżka oliwy z oliwek
- Skórki z cytryny

NA CIASTO FRANCUSKIE:
- 2 arkusze ciasta francuskiego, rozmrożone
- Mąka do posypania
- 1 jajko (do posmarowania jajka)

INSTRUKCJE:
NA ŁOSOSA:
a) Rozgrzej frytownicę do 190°C (375°F).
b) Filety z łososia doprawić solą, czarnym pieprzem i odrobiną oliwy z oliwek.
c) Na każdym filecie z łososia rozsmaruj cienką warstwę musztardy Dijon.
d) Posyp skórką z cytryny łososia w musztardzie.

NA CIASTO FRANCUSKIE:
e) Rozwałkuj arkusze ciasta francuskiego na lekko posypanej mąką powierzchni.
f) Każdy arkusz pokroić na kawałki wystarczająco duże, aby owinąć jeden filet z łososia.
g) Połóż filet z łososia na środku każdego kawałka ciasta francuskiego.
h) Nałóż ciasto francuskie na łososia, sklejając krawędzie. W razie potrzeby odetnij nadmiar ciasta.
i) Rozbij jajko i posmaruj nim całą powierzchnię ciasta francuskiego, aby uzyskać złoty kolor.
j) Ostrożnie przenieś owinięte filety z łososia do koszyka frytkownicy.
k) Smażyć na powietrzu w temperaturze 190°C przez 15-20 minut lub do momentu, aż ciasto francuskie będzie złotobrązowe, a łosoś będzie ugotowany.
l) Pozwól, aby frytkownica powietrzna z łososiem pl Croûte odpocznie kilka minut przed podaniem.

56. Nepalski pstrąg tęczowy w Croûte

SKŁADNIKI:
NA PSTRĄGA:
- 4 filety z pstrąga tęczowego
- Sól i czarny pieprz do smaku
- 1 łyżka oleju roślinnego
- 1 łyżeczka mielonego kminku
- 1 łyżeczka mielonej kolendry
- 1 łyżeczka kurkumy
- 1 łyżeczka garam masali
- 1 łyżeczka chili w proszku (dostosuj do smaku)
- Sok z 1 limonki

NA CIASTO FRANCUSKIE:
- 2 arkusze ciasta francuskiego, rozmrożone
- Mąka do posypania
- 1 jajko (do posmarowania jajka)

DO WYPEŁNIENIA:
- 1 szklanka ugotowanego ryżu basmati
- 1/2 szklanki groszku, ugotowanego
- 1/2 szklanki posiekanej kolendry
- 1/2 szklanki posiekanej mięty
- 1/4 szklanki prażonych, posiekanych orzechów nerkowca
- Sól i czarny pieprz do smaku

INSTRUKCJE:
NA PSTRĄGA:
a) Rozgrzej piekarnik do 200°C (400°F).
b) Filety z pstrąga osusz ręcznikiem papierowym, dopraw solą i czarnym pieprzem.
c) W małej misce wymieszaj mielony kminek, mieloną kolendrę, kurkumę, garam masala, chili w proszku i sok z limonki, aby utworzyć pastę przyprawową.
d) Natrzyj pastą przyprawową obie strony każdego fileta z pstrąga.
e) Rozgrzej olej roślinny na patelni na średnim ogniu. Smaż filety z pstrąga przez 1-2 minuty z każdej strony, tak aby zrumieniły się z zewnątrz. Zdjąć z ognia.

DO WYPEŁNIENIA:

f) W misce połącz ugotowany ryż basmati, groszek, posiekaną kolendrę, posiekaną miętę i prażone orzechy nerkowca. Doprawić solą i czarnym pieprzem. Dobrze wymieszaj.

NA CIASTO FRANCUSKIE:

g) Rozwałkuj arkusze ciasta francuskiego na lekko posypanej mąką powierzchni.
h) Na środku każdego kawałka ciasta francuskiego połóż porcję nadzienia ryżowo-ziołowego.
i) Na nadzieniu ryżowym ułóż podsmażony filet z pstrąga.
j) Założyć ciasto francuskie na pstrąga, sklejając jego brzegi. W razie potrzeby odetnij nadmiar ciasta.
k) Rozbij jajko i posmaruj nim całą powierzchnię ciasta francuskiego, aby uzyskać złoty kolor.

PIECZENIE:

l) Owiniętego pstrąga ostrożnie przełóż na blachę wyłożoną papierem do pieczenia.
m) Piec w nagrzanym piekarniku przez 20-25 minut lub do momentu, aż ciasto francuskie będzie złotobrązowe.
n) Pozwól nepalskiemu pstrągowi tęczowemu en Croûte odpocznie kilka minut przed podaniem.

57. Granat Brie en Croûte

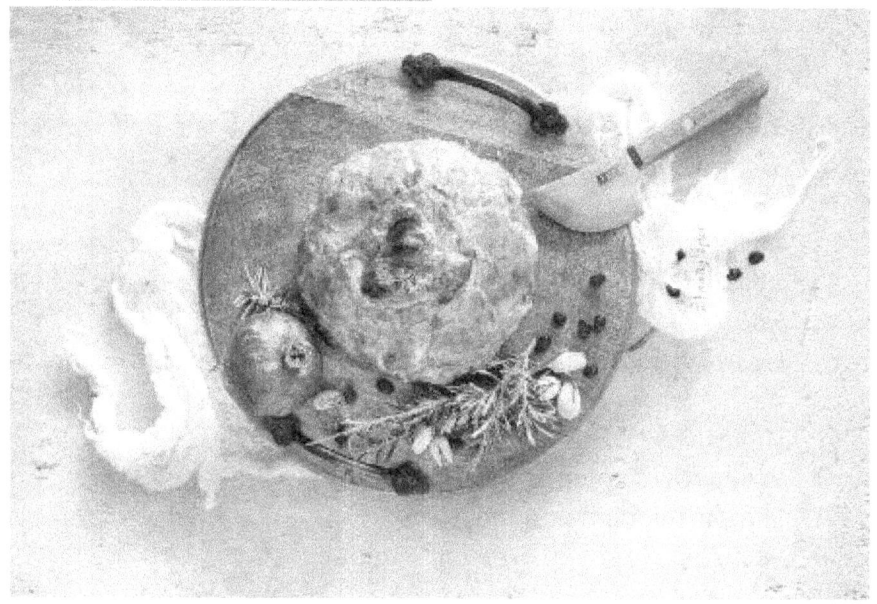

SKŁADNIKI:

- 1 kółko sera Brie (około 8 uncji)
- 1 arkusz ciasta francuskiego, rozmrożonego
- 1/2 szklanki nasion granatu
- 1/4 szklanki miodu
- 1/4 szklanki posiekanych orzechów pekan lub orzechów włoskich
- 1 jajko (do posmarowania jajka)

INSTRUKCJE:

a) Rozgrzej piekarnik do 400°F (200°C).
b) Ciasto francuskie rozwałkowujemy na lekko posypanej mąką powierzchni.
c) Umieść kółko Brie na środku ciasta francuskiego.
d) Posyp równomiernie nasionami granatu Brie.
e) Skropić miodem nasiona granatu.
f) Posyp posiekanymi orzechami miodem.
g) Złóż ciasto francuskie na Brie, sklejając krawędzie. W razie potrzeby odetnij nadmiar ciasta.
h) Rozbij jajko i posmaruj nim całą powierzchnię ciasta francuskiego, aby uzyskać złoty kolor.
i) Za pomocą noża utwórz dekoracyjne wzory na cieście.
j) Ostrożnie przenieś granat Brie en Croûte na blachę wyłożoną papierem do pieczenia.
k) Piec w nagrzanym piekarniku przez 20-25 minut lub do momentu, aż ciasto francuskie będzie złotobrązowe.
l) Pozwól granatowi Brie en Croûte odpocznie kilka minut przed podaniem.

58. Halibut pl Croûte z estragonowym kremem cytrynowym

SKŁADNIKI:
DO HALIBUTA:
- 4 filety z halibuta (6 uncji każdy)
- Sól i czarny pieprz do smaku
- 1 łyżka oliwy z oliwek
- 1 łyżka musztardy Dijon
- 1 łyżka świeżego soku z cytryny

NA CIASTO FRANCUSKIE:
- 2 arkusze ciasta francuskiego, rozmrożone
- Mąka do posypania
- 1 jajko (do posmarowania jajka)

NA ESTRAGONOWY KREM CYTRYNOWY:
- 1 szklanka gęstej śmietanki
- Skórka z 1 cytryny
- 1 łyżka świeżego soku z cytryny
- 2 łyżki posiekanego świeżego estragonu
- Sól i czarny pieprz do smaku

INSTRUKCJE:
DO HALIBUTA:
a) Rozgrzej piekarnik do 400°F (200°C).
b) Filety z halibuta doprawiamy solą i czarnym pieprzem.
c) W małej misce wymieszaj oliwę z oliwek, musztardę Dijon i świeży sok z cytryny.
d) Filety z halibuta posmaruj mieszanką musztardy i cytryny.

NA CIASTO FRANCUSKIE:
e) Rozwałkuj arkusze ciasta francuskiego na lekko posypanej mąką powierzchni.
f) Połóż filet z halibuta na środku każdego kawałka ciasta francuskiego.
g) Rozwałkuj drugi arkusz ciasta francuskiego i połóż go na filetach halibuta, sklejając brzegi. W razie potrzeby odetnij nadmiar ciasta.
h) Rozbij jajko i posmaruj nim całą powierzchnię ciasta francuskiego, aby uzyskać złoty kolor.

PIECZENIE:

i) Owiniętego halibuta ostrożnie przełóż na blachę wyłożoną papierem do pieczenia.
j) Piec w nagrzanym piekarniku przez 20-25 minut lub do momentu, aż ciasto francuskie będzie złotobrązowe, a halibut będzie ugotowany.

NA ESTRAGONOWY KREM CYTRYNOWY:
k) W rondlu podgrzej ciężką śmietankę na średnim ogniu.
l) Dodać skórkę i sok z cytryny, posiekany estragon, sól i czarny pieprz. Dobrze wymieszać.
m) Gotuj śmietankę przez kilka minut, aż lekko zgęstnieje.

MONTAŻ:
n) Kiedyś halibut pl Croûte jest upieczone , odstawiamy na kilka minut.
o) Podawaj halibuta na talerzu, skropionego estragonowym kremem cytrynowym.
p) W razie potrzeby udekoruj dodatkowym świeżym estragonem.

59.Pstrąg oceaniczny Coulibiac en Croûte

SKŁADNIKI:
DLA PSTRĄGA MORSKIEGO:
- 4 filety z pstrąga oceanicznego (około 6 uncji każdy)
- Sól i czarny pieprz do smaku
- Sok z cytryny do marynowania

NA NADZIENIE RYŻOWE:
- 1 szklanka ugotowanego ryżu jaśminowego
- 1 mała cebula, drobno posiekana
- 2 łyżki masła
- 1 szklanka grzybów, drobno posiekanych
- 1/2 szklanki szpinaku, posiekanego
- 1 łyżka świeżego koperku, posiekanego
- Sól i czarny pieprz do smaku

DO MONTAŻU:
- 2 arkusze ciasta francuskiego, rozmrożone
- Mąka do posypania
- Musztarda Dijon do posmarowania
- 1 jajko (do posmarowania jajka)

INSTRUKCJE:
DLA PSTRĄGA MORSKIEGO:
a) Filety z pstrąga oceanicznego dopraw solą, czarnym pieprzem i odrobiną soku z cytryny. Pozwól im marynować przez co najmniej 15 minut.

NA NADZIENIE RYŻOWE:
b) Na patelni podsmaż na maśle posiekaną cebulę, aż zmięknie.
c) Dodaj pokrojone grzyby na patelnię i smaż, aż puszczą wilgoć.
d) Dodaj ugotowany ryż jaśminowy, posiekany szpinak i świeży koperek. Doprawić solą i czarnym pieprzem. Gotuj, aż mieszanina dobrze się połączy . Pozwól mu ostygnąć.

DO MONTAŻU:
e) Rozgrzej piekarnik do 400°F (200°C).
f) Rozwałkuj arkusze ciasta francuskiego na lekko posypanej mąką powierzchni.
g) Połóż jeden arkusz na blasze wyłożonej papierem do pieczenia.
h) Ciasto francuskie posmaruj musztardą Dijon.

i) Na cieście francuskim rozsmaruj połowę nadzienia ryżowego.
j) Na nadzieniu ryżowym ułóż marynowane filety z pstrąga oceanicznego.
k) Przykryj pstrąga pozostałym nadzieniem ryżowym.
l) Rozwałkuj drugi arkusz ciasta francuskiego i połóż go na nadzieniu, sklejając brzegi. W razie potrzeby odetnij nadmiar ciasta.
m) Rozbij jajko i posmaruj nim całą powierzchnię ciasta francuskiego, aby uzyskać złoty kolor.
n) Za pomocą noża utwórz dekoracyjne wzory na cieście.
o) Piec w nagrzanym piekarniku przez 25-30 minut lub do momentu, aż ciasto francuskie będzie złotobrązowe.
p) Pozwól pstrągowi oceanicznemu Coulibiac pl Croûte odpocznie przez kilka minut przed pokrojeniem.

60. Kurczak Mango En Croûte

SKŁADNIKI:
- 4 piersi z kurczaka
- Sól i czarny pieprz do smaku
- 1 szklanka pokrojonego w kostkę mango
- 1/2 szklanki wiórków kokosowych
- 1/4 szklanki posiekanej kolendry
- 1 łyżka curry w proszku
- 2 arkusze ciasta francuskiego, rozmrożone
- 1 jajko (do posmarowania jajka)

INSTRUKCJE:
a) Dopraw piersi z kurczaka solą, czarnym pieprzem i curry. Smaż je na złoty kolor.
b) Wymieszaj pokrojone w kostkę mango, wiórki kokosowe i posiekaną kolendrę.
c) Połóż kurczaka na cieście francuskim, posyp mieszanką mango i zawiń.
d) Piec na złoty kolor.

61. Caprese En Croûte

SKŁADNIKI:

- 4 duże pomidory, pokrojone w plasterki
- 8 uncji świeżej mozzarelli, pokrojonej w plasterki
- Świeże liście bazylii
- Sól i czarny pieprz do smaku
- 2 arkusze ciasta francuskiego, rozmrożone
- Glazura balsamiczna do polania
- 1 jajko (do posmarowania jajka)

INSTRUKCJE:

a) Na cieście francuskim ułóż plasterki pomidora, świeżą mozzarellę i liście bazylii.
b) Doprawić solą i czarnym pieprzem. Złożyć ciasto na warstwy, zwinąć i piec na złoty kolor. Przed podaniem polej polewą balsamiczną.

62.Krewetki Pesto En Croûte

SKŁADNIKI:
- 1 funt dużych krewetek, obranych i oczyszczonych
- 1/2 szklanki sosu pesto
- Skórka z 1 cytryny
- 2 arkusze ciasta francuskiego, rozmrożone
- Aioli cytrynowe do maczania
- 1 jajko (do posmarowania jajka)

INSTRUKCJE:
a) Wymieszaj krewetki z pesto i skórką z cytryny. Krewetki ułóż na cieście francuskim, złóż i zamknij.
b) Piec na złoty kolor. Podawać z cytrynowym aioli do maczania.

63. Dynia Piżmowa i Szałwia En Croûte

SKŁADNIKI:
- 1 mała dynia piżmowa, obrana i pokrojona w kostkę
- Świeże liście szałwii
- Sól i czarny pieprz do smaku
- 2 łyżki syropu klonowego
- 2 arkusze ciasta francuskiego, rozmrożone
- 1 jajko (do posmarowania jajka)

INSTRUKCJE:
a) Pieczona dynia piżmowa z szałwią, solą i czarnym pieprzem. Powstałą masę wyłóż na ciasto francuskie, złóż i zamknij.
b) Piec na złoty kolor. Przed podaniem polej syropem klonowym.

64. Ser figowy i kozi En Croûte

SKŁADNIKI:

- 1 kółko sera koziego
- 1/2 szklanki dżemu figowego
- 1/4 szklanki posiekanych orzechów włoskich
- 2 arkusze ciasta francuskiego, rozmrożone
- Redukcja balsamiczna do polewania
- 1 jajko (do posmarowania jajka)

INSTRUKCJE:

a) Na cieście francuskim posmaruj konfiturą figową, na środku połóż kozi ser, posyp posiekanymi orzechami włoskimi i zawiń.
b) Piec na złoty kolor. Przed podaniem skropić redukcją balsamiczną.

65. Oliwa z grzybów i trufli En Croûte

SKŁADNIKI:
- 2 szklanki różnych grzybów, drobno posiekanych
- 2 łyżki oliwy truflowej
- 1/4 szklanki startego parmezanu
- 2 arkusze ciasta francuskiego, rozmrożone
- 1 jajko (do posmarowania jajka)

INSTRUKCJE:
a) Pieczarki podsmaż na oliwie truflowej do miękkości. Wymieszaj z tartym parmezanem.
b) Ułożyć na cieście francuskim, złożyć i zwinąć. Piec na złoty kolor.

66.Słodkie ziemniaki i feta En Croûte

SKŁADNIKI:
- 2 szklanki słodkich ziemniaków, puree
- 1/2 szklanki pokruszonego sera feta
- 1 łyżka posiekanego świeżego rozmarynu
- 2 arkusze ciasta francuskiego, rozmrożone
- Miód do posypania
- 1 jajko (do posmarowania jajka)

INSTRUKCJE:
a) Wymieszaj puree ze słodkich ziemniaków z fetą i rozmarynem. Ułożyć na cieście francuskim, złożyć i zwinąć.
b) Piec na złoty kolor. Przed podaniem skrop miodem.

67.Szparagi En Croûte zawinięte w prosciutto

SKŁADNIKI:

- 1 pęczek szparagów, blanszowanych
- Prosciutto pokrojone w cienkie plasterki
- Skórka z 1 cytryny
- 2 arkusze ciasta francuskiego, rozmrożone
- 1 jajko (do posmarowania jajka)

INSTRUKCJE:

a) Owiń szparagi prosciutto. Ułożyć na cieście francuskim, złożyć i zwinąć.
b) Piec na złoty kolor. Przed podaniem posypać skórką z cytryny.

STUDLE

68. Duszony strudel wieprzowy z sosem z zielonych jabłek

SKŁADNIKI:
- 4 łyżki smalcu
- 2 funty Łopatka wieprzowa, pokrojona w kostkę o średnicy 1/8 cala i doprawiona solą i pieprzem
- 2 marchewki pokrojone w kostkę o średnicy 1/4 cala
- 1 cebula hiszpańska, pokrojona w 1-calową kostkę
- 4 czerwone papryki węgierskie, pokrojone w kostkę o boku 1/4 cala
- 2 łyżki papryki
- 7 uncji Specka, pokrojonego w kostkę 1/4 cala
- 1/4 łyżki mielonych goździków
- 1/4 łyżeczki cynamonu
- 2 szklanki czerwonego wina
- 1 Przepis na strudel (patrz przepis podstawowy)
- 2 Żółtka, ubite
- 1 Przepis na sos z zielonych jabłek

INSTRUKCJE:
a) W naczyniu żaroodpornym o grubym dnie rozgrzej smalec, aż zacznie dymić. Dodaj kawałki wieprzowiny, 5 lub 6 na raz, i smaż na złoty kolor. Wyjmij i dodaj marchewkę, cebulę, paprykę, paprykę, speck, goździki, cynamon i gotuj, aż zmiękną, około 8 do 10 minut.
b) Dodać wino i doprowadzić do wrzenia. Dodaj zrumienioną wieprzowinę z powrotem do garnka, ponownie zagotuj, a następnie zmniejsz ogień i gotuj na wolnym ogniu przez 1,5 godziny, aż mięso będzie bardzo miękkie. Doprawiamy solą i pieprzem i odstawiamy do lodówki na 4 godziny.
c) Rozgrzej piekarnik do 375 F. Rozwałkuj ciasto na strudel w prostokąt o wymiarach 10 na 14 cali. Połóż zimny gulasz wieprzowy na środku i zwiń jak strudel.
d) Zachowaj wycięte kawałki ciasta, aby udekorować strudel wzorem lub imieniem ukochanej osoby. Posmaruj ubitymi żółtkami, ułóż na blasze i piecz przez 50 do 60 minut, aż ciasto będzie złocistobrązowe i gorące w środku.
e) Odstaw strudel na 10 minut i podawaj z sosem z zielonych jabłek .

69.Strudel z kurczakiem i Andouille

SKŁADNIKI:
- 1 łyżka oleju roślinnego
- 4 uncje kiełbasy Andouille, pokrojonej w 1-calową kostkę
- 1/2 szklanki posiekanej cebuli
- 1 łyżka posiekanego czosnku
- Sól i cayenne do smaku
- 1/4 szklanki wody
- 1 szklanka słodkiego sosu BBQ
- 1 łyżka posiekanej natki pietruszki
- 3 łyżki startego sera Parmigiano-Reggiano
- 4 arkusze ciasta filo

INSTRUKCJE:

a) Rozgrzej piekarnik do 375 stopni F.

b) Na patelni, na średnim ogniu, dodaj olej. Dopraw kurczaka esencją. Gdy olej będzie gorący, dodaj kurczaka i smaż przez około 2 do 3 minut, ciągle mieszając.

c) Dodaj andouille i smaż przez kolejne 2 minuty. Dodajemy cebulę i czosnek, smażymy przez 5 minut. Doprawić solą i cayenne.

d) Dodaj wodę, 1/2 szklanki sosu BBQ, pietruszkę i ser. Dusić przez 1 minutę. Zdjąć z ognia i wymieszać z bułką tartą. Pozwól mieszaninie całkowicie ostygnąć.

e) Ułóż cztery arkusze ciasta filo jeden na drugim i przekrój je na trzy części, uzyskując 12 arkuszy. Podziel arkusze na cztery stosy po 3 arkusze, przykrywając filo wilgotnym ręcznikiem, aby zapobiec wysuszeniu.

f) Lekko posmaruj wierzch każdego stosu olejem roślinnym. Umieść 1/4 szklanki mieszanki kurczaka na dolnej krawędzi każdego stosu filo.

g) Złóż dwie strony filo w kierunku środka około 1/4 cala. Zaczynając od dołu, dokładnie zwiń filo, dociskając każdą warstwę, aby się domknęła. Lekko posmaruj każdy strudel olejem.

h) Blachę do pieczenia wyłóż papierem pergaminowym. Ułóż strudle na papierze w odległości około 2 cali od siebie i piecz przez 15 minut lub do złotego koloru.

i) Wyjmij z piekarnika, przekrój każdy strudel na pół ukośnie i podawaj z pozostałym sosem BBQ i tartym serem.

70. Strudel z raków z dwoma sosami

SKŁADNIKI:
- 1 łyżka oleju sezamowego
- 1 Żółta cebula, pokrojona w julienne
- 1 Czerwona papryka, julienne
- 1 Żółta papryka, w julienne
- 1 Zielona papryka, julienne
- 1 pęczek zielonej cebuli, pokrojonej w plasterki
- 6 uncji Bok choy, julienne
- 4 uncje Pędy bambusa w puszkach
- 2 uncje grzybów Shiitake, pokrojonych w plasterki
- 2 marchewki w julienne
- 1 funt ogonów raków
- 2 łyżki sosu Hoisin
- 3 łyżki sosu sojowego
- 2 łyżki świeżego imbiru
- 2 ząbki czosnku, posiekane
- 1/2 łyżeczki pieprzu cayenne
- 1/4 łyżeczki mielonego czarnego pieprzu
- 1/4 łyżeczki różowego pieprzu
- Sól dla smaku
- 1 funt roztopionego masła
- 1 funt ciasta filo

INSTRUKCJE:
a) W dużym, ciężkim rondlu rozgrzej olej sezamowy. Dodaj czerwoną, żółtą i zieloną paprykę i smaż, aż zmiękną.
b) Dodaj zieloną cebulę, bok choy, pędy bambusa, grzyby shiitake i marchewkę. Kontynuuj smażenie, aż warzywa będą miękkie.
c) Dodać ogony raków, sos hoisin, sos sojowy, świeży imbir, mielony czosnek, pieprz cayenne, mielony czarny pieprz, różowe ziarna pieprzu i sól do smaku. Gotuj, aż mieszanina będzie al dente. Odcedzić i ostudzić na durszlaku.
d) Rozgrzej piekarnik do 350 stopni F. Rozpuść masło i umieść arkusze filo na powierzchni roboczej. Posmaruj roztopionym masłem pomiędzy arkuszami (w sumie 7 arkuszy).

e) Umieść mieszaninę raków na dolnym końcu arkuszy filo. Zwiń ciasno i zalej roztopionym masłem.
f) Piec w nagrzanym piekarniku, aż ciasto filo będzie złotobrązowe.
g) Przygotuj dwa sosy i ułóż je po obu stronach talerza. Podawaj strudel z raków na sosach.
h) Dostosuj ilość imbiru według preferencji smakowych.

71.Pożywny strudel z łososia z koperkiem

SKŁADNIKI:
- 1 funt filetu z łososia, o grubości 1 cala, ze skórą
- Spray do gotowania o smaku masła
- 1/4 łyżeczki soli
- 1/4 łyżeczki czosnku w proszku
- 1/4 łyżeczki świeżo zmielonego pieprzu
- 1 1/4 szklanki czerwonych ziemniaków, pokrojonych w kostkę
- 3/4 szklanki odtłuszczonego mleka skondensowanego
- 1/2 pora, pokrojonego w cienkie plasterki
- 2 łyżeczki wody
- 1/2 łyżeczki skrobi kukurydzianej
- 1 łyżeczka suszonego koperku
- 3 łyżki startego parmezanu
- 8 arkuszy ciasta filo

INSTRUKCJE:

a) Połóż filet z łososia na patelni z brojlerami posmarowanej sprayem kuchennym. Posypać solą, pieprzem i czosnkiem w proszku. Smaż, aż ryba będzie łatwo się łuszczyć. Pokrój na małe kawałki i odłóż na bok.
b) Rozgrzej piekarnik do 350°F.
c) W małym rondlu połącz ziemniaki, mleko i por. Doprowadzić do wrzenia. Przykryj, zmniejsz ogień i gotuj na wolnym ogniu przez 10 minut lub do momentu, aż ziemniak będzie miękki.
d) W małej misce połącz wodę i skrobię kukurydzianą. Dodaj do masy ziemniaczanej. Dodać kawałki łososia, suszony koperek i parmezan. Delikatnie zamieszaj i odłóż na bok.
e) Połóż jeden arkusz filo na powierzchni roboczej (przykryj, aby zapobiec wyschnięciu). Lekko spryskaj sprayem kuchennym. Ułóż kolejny arkusz na wierzchu i spryskaj; powtórz ze wszystkimi arkuszami filo.
f) Rozłóż masę ziemniaczaną wzdłuż dłuższej krawędzi, pozostawiając 2-calową krawędź. Złóż krótkie krawędzie filo, aby zakryć końce mieszanki ziemniaczanej. Zaczynając od dłuższej krawędzi (od krawędzi), zwiń ją w sposób przypominający galaretkę. Nie zwijaj zbyt ciasno.
g) Połóż strudel łączeniem do dołu na blasze do pieczenia spryskanej sprayem kuchennym. Lekko spryskaj strudel sprayem kuchennym.
h) Piec przez 30 minut lub do złotego koloru.
i) Podawaj i delektuj się pożywnym strudelem z łososia z koperkiem.

72. Strudel jagnięcy i suszonych pomidorów

SKŁADNIKI:
- 12 arkuszy ciasta filo o wymiarach 17 na 12 cali
- 1 1/2 szklanki wrzącej wody
- 1/2 szklanki suszonych pomidorów (nie w oleju), około 2 uncji
- 1/2 funta grzybów, pokrojonych w cienkie plasterki
- 3/4 szklanki Kalamaty lub innych czarnych oliwek peklowanych w solance lub dojrzałych czarnych oliwek bez pestek, pokrojonych w cienkie plasterki
- 1 łyżka oliwy z oliwek
- 1 funt mielonej jagnięciny
- 1 łyżeczka suszonego rozmarynu, pokruszonego
- 1 łyżeczka suszonej bazylii, pokruszona
- 1/2 łyżeczki suszonych płatków ostrej czerwonej papryki
- 1 1/2 szklanki pokruszonej fety, około 8 uncji
- 1/2 szklanki startej mozzarelli, około 3 uncji
- Około 5 łyżek oliwy z oliwek (do posmarowania)
- Sól i pieprz do smaku

INSTRUKCJE:
a) Przykryj stos arkuszy filo 2 nakładającymi się arkuszami plastikowej folii, a następnie wilgotnym ręcznikiem kuchennym.
b) Zrób nadzienie: W małej misce zalej pomidory wrzącą wodą i mocz przez 5 minut. Dobrze odcedź i pokrój w cienkie plasterki.
c) Na dużej, ciężkiej patelni rozgrzej oliwę z oliwek na umiarkowanie dużym ogniu, aż będzie gorąca, ale nie dymiąca. Pieczarki podsmażamy do smaku solą i pieprzem, mieszając, aż wydzielający się płyn odparuje. Przełóż grzyby do dużej miski.
d) Dodaj mieloną jagnięcinę na patelnię i smaż, mieszając i rozbijając wszelkie grudki, aż przestanie być różowe. Przełożyć jagnięcinę do miski z grzybami i odrzucić tłuszcz.
e) Do mieszanki jagnięcej dodaj pomidory, oliwki, rozmaryn , bazylię i płatki czerwonej papryki. Schłodzić przez 10 minut. Wymieszaj fetę, mozzarellę oraz sól i pieprz do smaku.
f) Rozgrzej piekarnik do 425 ° F i lekko natłuść dużą, płytką formę do pieczenia.

g) Ułóż filo pomiędzy 2 arkuszami woskowanego papieru i przykryj suchym ręcznikiem kuchennym. Na powierzchni roboczej ułóż dwa 20-calowe arkusze papieru woskowanego, tak aby długie boki lekko zachodziły na siebie i były skierowane w Twoją stronę. Połóż 1 arkusz filo na woskowanym papierze i lekko posmaruj olejem. W ten sam sposób ułóż i posmaruj 5 kolejnych arkuszy filo. (Stos naoliwionego filo powinien mieć grubość 6 arkuszy.)
h) Rozłóż połowę nadzienia w pasku o szerokości 3 cali, układając go na filo 4 cale powyżej bliższego długiego boku, pozostawiając 2-calowe brzegi na każdym końcu.
i) Używając papieru woskowanego jako prowadnicy, unieś dolne 4 cale ciasta nad nadzieniem, zaginając końce i szczelnie zwiń strudel. Ostrożnie przenieś strudel łączeniem do dołu na blachę do pieczenia i lekko posmaruj olejem. Z pozostałych składników zrobić w ten sam sposób kolejny strudel.
j) Piecz strudle na środku piekarnika przez 25 minut lub do złotego koloru. Ostudzić strudle do ogrzania na patelni na kratce.
k) Za pomocą ząbkowanego noża pokrój strudle na 1-calowe plastry i podawaj ciepłe.
l) Rozkoszuj się aromatycznym strudelem z jagnięciną i suszonymi pomidorami!

73. Marokański strudel warzywny

SKŁADNIKI:

- 1 cebula, pokrojona w plasterki
- 2 główki czosnku, przycięte
- 2 marchewki, pokrojone w plasterki
- 1 Czerwona papryka, pokrojona w kawałki
- 1 Słodkie ziemniaki, obrane i pokrojone
- 1 Seler, obrany i pokrojony
- 2 Pomidory śliwkowe, pokrojone na 8 krążków
- 1/4 szklanki oliwy z oliwek (50 ml)
- 2 łyżeczki soli (10 ml)
- 2 szklanki gotowanego kuskusu, ryżu lub jagód pszenicznych (500 ml)
- 1 łyżka świeżego tymianku (15 ml)
- 2 łyżki wody (25 ml)
- 1/2 szklanki bułki tartej (125 ml)
- 6 uncji sera koziego, pokruszonego (opcjonalnie) (175 g)
- 1/4 szklanki posiekanej świeżej bazylii (50 ml)
- 10 arkuszy ciasta filo
- 1/3 szklanki roztopionego niesolonego masła (lub oliwy z oliwek) (75 ml)

INSTRUKCJE:

a) Warzywa układamy na blasze wyłożonej papierem do pieczenia. Skropić oliwą z oliwek i posypać solą i tymiankiem. Piec w piekarniku nagrzanym na 210°C przez 50 do 60 minut lub do momentu, aż warzywa będą bardzo miękkie.
b) Wyciśnij czosnek ze skorupki i połącz z warzywami, ugotowanym zbożem, kozim serem (jeśli używasz) i bazylią.
c) Ułóż dwa arkusze filo oddzielnie na ściereczkach. Przykryj pozostałe filo folią spożywczą.
d) Arkusze filo posmaruj roztopionym masłem (wymieszanym z wodą) i posyp bułką tartą. Powtórz tę czynność z pozostałym filo, tworząc dwa stosy po 5 arkuszy każdy.
e) Ułóż mieszankę warzywną wzdłuż dłuższego boku filo i zwiń.

f) Delikatnie przenieś na blachę do pieczenia. Wykonuj ukośne nacięcia w górnej warstwie ciasta. Piec w temperaturze 200°C przez 30 do 40 minut, aż dobrze się zarumieni.

SOS CHARMOULA:

g) Połącz 1 ząbek mielonego czosnku z 1 łyżeczką (5 ml) mielonego kminku i papryki oraz 1/2 łyżeczki (2 ml) cayenne.

h) Wymieszać z 1/2 szklanki (125 ml) majonezu lub serka jogurtowego lub ich kombinacji. Dodaj 1 łyżkę stołową (15 ml) soku z cytryny i 2 łyżki (25 ml) posiekanej świeżej kolendry.

i) Podawaj plastry marokańskiego strudla warzywnego z sosem Charmoula . Cieszyć się!

74. Wędzony łosoś i strudel brie

SKŁADNIKI:
- 1/2 szklanki suszonej, mielonej musztardy
- 1/2 szklanki białego granulowanego cukru
- 1/4 szklanki octu winnego ryżowego
- 1/4 szklanki przygotowanej żółtej musztardy
- 1 łyżka oleju sezamowego
- 2 łyżki sosu sojowego
- 1 1/2 łyżeczki papryki
- 1/4 łyżeczki pieprzu cayenne
- 3 arkusze ciasta filo
- 1/4 szklanki roztopionego masła
- 1/4 szklanki posiekanych świeżych, łagodnych ziół
- 1 kółko sera Brie (8 uncji)
- 1/2 funta wędzonego łososia pokrojonego w plasterki
- 1 bagietka pokrojona na 1/2-calowe kawałki i lekko przypieczona

INSTRUKCJE:
a) Rozgrzej piekarnik do 400 stopni.
b) W misce wymieszaj suszoną, mieloną musztardę, cukier, ocet winno-ryżowy, musztardę żółtą, olej sezamowy, sos sojowy, paprykę i cayenne. Odłóż mieszaninę na bok.
c) Połóż trzy kawałki ciasta filo na płaskiej powierzchni. Końce ciasta posmaruj roztopionym masłem.
d) Na środku ciasta filo rozsmaruj odrobinę mieszanki musztardowej. Posyp krąg mieszanki musztardowej posiekanymi ziołami.
e) Łososia doprawiamy solą i pieprzem. Owiń koło Brie pokrojonym w plasterki łososiem, pozwalając, aby plastry zachodziły na siebie. Zawiń ser jak paczkę.
f) Umieść Brie owinięte w łososia na środku koła musztardowo-ziołowego. Złóż dwa końce ciasta filo do środka. Złóż pozostałe końce, tworząc paczkę. Całkowicie uszczelnić.
g) Ciasto wyłóż na blachę wyłożoną pergaminem, z zagiętymi krawędziami na wierzchu papieru pergaminowego.
h) Ciasto lekko posmaruj resztą roztopionego masła.
i) Włóż patelnię do piekarnika i piecz na złoty kolor, około 10 do 12 minut.
j) Wyjmij z piekarnika i lekko ostudź przed pokrojeniem. Podawać na grzankach z pozostałym sosem musztardowym.
k) Ciesz się pysznym wędzonym łososiem i strudelem brie!

75. Wędzony pstrąg i grillowany strudel jabłkowy

SKŁADNIKI:

- 2 jabłka Granny Smith, wydrążone i pokrojone w 1/2-calowe pierścienie
- 1 łyżka oliwy z oliwek
- Sól i pieprz do smaku
- 1/2 funta wędzonego pstrąga, pokrojonego na małe kawałki
- 2 łyżki szalotki, posiekanej
- 1/4 szklanki serka śmietankowego o temperaturze pokojowej
- 2 łyżki szczypiorku, drobno posiekanego
- 5 arkuszy ciasta filo
- 1/2 szklanki roztopionego masła

INSTRUKCJE:

a) Rozgrzej grill. Rozgrzej piekarnik do 400 stopni.
b) Jabłka skrapiamy oliwą, doprawiamy solą i pieprzem. Ułożyć na grillu i smażyć po 2 minuty z każdej strony. Zdejmij z grilla i pokrój jabłka w drobną kostkę.
c) W misce wymieszaj pokrojone w kostkę jabłka, wędzonego pstrąga i posiekaną szalotkę. Połącz masę z serkiem śmietankowym. Wmieszać szczypiorek. Doprawić solą i pieprzem.
d) Każdy arkusz filo posmaruj roztopionym masłem. Posmaruj 1/3 filo nadzieniem z pstrąga jabłkowego.
e) Końcówką z nadzieniem skierowaną do siebie zwiń strudel jak bułkę z galaretką. Ułożyć na blaszce wyłożonej pergaminem i posmarować pozostałym masłem.
f) Piecz przez 15 minut lub do momentu, aż strudel będzie złocistobrązowy.
g) Pokrój strudel na ukos i ułóż na talerzu. Udekoruj szczypiorkiem i esencją.
h) Zapraszamy na pysznego wędzonego pstrąga i grillowanego strudla jabłkowego!

76. Strudel z dzikich grzybów

SKŁADNIKI:
- 1 łyżka oliwy z oliwek
- 1 mała żółta cebula, posiekana
- 2 szalotki, posiekane
- 3 posiekane ząbki czosnku
- 1 szklanka czerwonego wina
- 4 szklanki pokrojonych grzybów leśnych
- 1/2 szklanki świeżo startego parmezanu
- 1/3 szklanki miękkiego, łagodnego sera koziego lub sera ricotta
- 1/4 szklanki prażonej, niesezonowanej bułki tartej
- 2 łyżeczki posiekanej świeżej bazylii
- 1 łyżeczka posiekanego świeżego rozmarynu
- 1/2 łyżeczki mielonego czarnego pieprzu
- Sól dla smaku
- 4 arkusze ciasta filo
- 4 łyżki roztopionego, niesolonego masła
- Sos z pieczonej czerwonej papryki i bazylii

INSTRUKCJE:

a) Rozgrzej piekarnik do 350 stopni. Blachę do pieczenia wyłóż papierem pergaminowym.

b) Aby przygotować nadzienie, rozgrzej oliwę z oliwek na dużej patelni na dużym ogniu, aż będzie bardzo gorąca. Dodaj cebulę, szalotkę i czosnek i smaż, aż zacznie wydzielać zapach, około 1 minuty.

c) Dodaj czerwone wino i zredukuj o połowę, około 4 minut. Dodaj grzyby i gotuj, aż będą miękkie, a większość płynu zostanie zredukowana, od 4 do 5 minut. Zdjąć z ognia i pozwolić nadzieniu lekko ostygnąć. Nadzienie przełożyć do dużej miski i pozostawić do całkowitego ostygnięcia.

d) Dodać parmezan i kozi ser. Dodać bułkę tartą, bazylię, rozmaryn i czarny pieprz. Dokładnie wymieszaj, dopraw do smaku solą i odstaw.

e) Połóż 2 arkusze ciasta filo na czystej, suchej powierzchni roboczej i obficie posmaruj wierzch roztopionym masłem. Na wierzchu ułóż jeszcze 2 arkusze filo i ponownie posmaruj wierzch masłem.

f) Łyżką nałóż nadzienie na środek ciasta, rozprowadź je, tworząc prostokąt, pozostawiając 2-calowe brzegi. Złóż jeden z krótszych końców ciasta około 1 cala nad nadzieniem. Złóż jeden z długich końców na około 1 cal nadzienia i delikatnie zwiń w rulon.
g) Połóż strudel łączeniem do dołu na przygotowanej blasze do pieczenia i wytnij otwory wentylacyjne o głębokości 1/4 cala wzdłuż góry.
h) Piec w piekarniku przez 25 do 30 minut lub do momentu uzyskania złotego koloru.
i) Wyjąć z piekarnika i ostudzić na blasce. Za pomocą ząbkowanego noża pokrój strudel na 8 kawałków.
j) Podawać na ciepło z pieczoną czerwoną papryką i sosem bazyliowym.

77. Strudel Wątrobowy

SKŁADNIKI:
SKORUPA:
- 1 1/4 szklanki przesianej mąki
- 1/2 łyżeczki soli
- 1/3 szklanki tłuszczu
- 3 łyżki wody (w przybliżeniu)

POŻYWNY:
- 2 Cebule, posiekane
- 3 łyżki tłuszczu
- 1/2 funta wątroby wołowej, pokrojonej w plasterki
- 4 jajka na twardo
- 1/2 łyżeczki soli
- 1 jajko, ubite
- Odrobina soli

INSTRUKCJE:
DO SKORUPY:
a) Mąkę i sól przesiej razem.
b) Tnij tłuszcz, aż mieszanina będzie przypominać gruby piasek.
c) Dodawaj po trochu wodę, aż wszystko będzie wilgotne, a kawałki się połączą.

DO WYPEŁNIENIA:
d) Cebulę podsmaż na tłuszczu na jasnożółty kolor.
e) Dodać wątrobę i smażyć po 4 minuty z każdej strony.
f) Przełóż cebulę, wątrobę i jajka przez rozdrabniacz.
g) Wymieszaj z pozostałym na patelni tłuszczem, dodaj sól i pieprz.

MONTAŻ:
h) Podziel ciasto na trzy części i rozwałkuj bardzo cienkie paski, każdy o wymiarach 4 na 12 cali.
i) Połóż kostkę mieszanki wątrobowej na środku każdego paska.
j) Rozwałkuj na nim połowę ciasta; posmaruj roztrzepanym jajkiem i przykryj drugą stroną ciasta.
k) Całość posmaruj roztrzepanym jajkiem i sklej końcówki.
l) Ułóż na blasze do pieczenia i piecz w piekarniku nagrzanym na 400°F przez 20 minut.
m) Lekko ostudzić i pokroić w plasterki o grubości 1/2 cala.

78. Strudel Mięsny

SKŁADNIKI:
DO WYPEŁNIENIA:
- 1 funt mielonej wołowiny lub mieszanki wołowiny i wieprzowiny
- 1 cebula, drobno posiekana
- 2 ząbki czosnku, posiekane
- 1 szklanka grzybów, drobno posiekanych
- 1 szklanka posiekanego szpinaku
- 1/4 szklanki bułki tartej
- 1/4 szklanki bulionu wołowego lub warzywnego
- 1 łyżeczka suszonego tymianku
- Sól i czarny pieprz do smaku

NA CIASTO NA STRUDEL:
- 2 filiżanki mąki uniwersalnej
- 1/2 szklanki ciepłej wody
- 1/4 szklanki oleju roślinnego
- Szczypta soli

DO MONTAŻU:
- 1/2 szklanki roztopionego masła (do posmarowania)
- Sezam lub mak (opcjonalnie, do posypania)

INSTRUKCJE:
DO WYPEŁNIENIA:
a) Na patelni podsmaż mięso mielone na średnim ogniu. W razie potrzeby odcedź nadmiar tłuszczu.
b) Na patelnię dodaj posiekaną cebulę i czosnek. Smażyć, aż cebula będzie przezroczysta.
c) Dodaj posiekane grzyby i smaż, aż puszczą wilgoć.
d) Dodać posiekany szpinak, bułkę tartą, bulion wołowy lub warzywny, suszony tymianek, sól i czarny pieprz. Gotuj, aż mieszanina dobrze się połączy, a nadmiar płynu odparuje. Zdjąć z ognia i pozostawić do ostygnięcia.

NA CIASTO NA STRUDEL:
e) W misce wymieszaj mąkę i sól. Zrób wgłębienie na środku i dodaj ciepłą wodę i olej roślinny.
f) Mieszaj, aż powstanie ciasto. Zagniataj ciasto na posypanej mąką powierzchni, aż stanie się gładkie i elastyczne.

g) Ciasto odstawiamy na około 30 minut, przykryte wilgotną ściereczką.

MONTAŻ:

h) Rozgrzej piekarnik do 190°C (375°F).
i) Ciasto rozwałkować na posypanej mąką powierzchni na duży prostokąt.
j) Schłodzone nadzienie mięsne ułożyć wzdłuż jednej krawędzi prostokąta, zostawiając trochę wolnego miejsca na krawędziach.
k) Rozwałkuj ciasto na nadzienie, zawijając po bokach, tak aby powstał kształt wafla.
l) Zwinięty strudel układamy na blasze wyłożonej papierem do pieczenia.
m) Posmaruj strudel roztopionym masłem. Opcjonalnie posypujemy wierzch sezamem lub makiem.
n) Piec w nagrzanym piekarniku przez 25-30 minut lub do momentu, aż strudel będzie złotobrązowy i ugotowany.
o) Przed pokrojeniem strudel mięsny należy lekko ostudzić.
p) Podawaj strudel mięsny na ciepło i ciesz się pikantnym nadzieniem zawiniętym w łuszczącą się, złotą skórkę!

79.Strudel bakłażanowo-pomidorowy

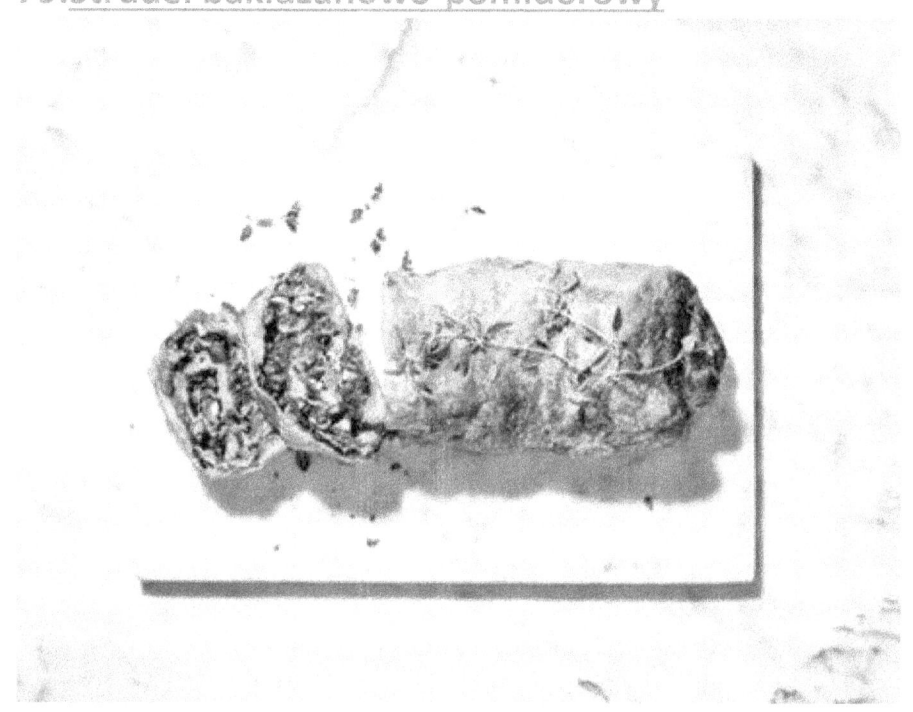

SKŁADNIKI:
DO WYPEŁNIENIA:
- 1 duży bakłażan, pokrojony w kostkę
- 1 szklanka pomidorków koktajlowych, przekrojonych na połówki
- 1 cebula, drobno posiekana
- 2 ząbki czosnku, posiekane
- 1 czerwona papryka, pokrojona w kostkę
- 1/2 szklanki pokruszonego sera feta
- 1/4 szklanki posiekanej świeżej bazylii
- 2 łyżki oliwy z oliwek
- Sól i czarny pieprz do smaku

NA CIASTO NA STRUDEL:
- 2 filiżanki mąki uniwersalnej
- 1/2 szklanki ciepłej wody
- 1/4 szklanki oliwy z oliwek
- Szczypta soli

DO MONTAŻU:
- 1/4 szklanki roztopionego masła (do posmarowania)
- Sezam lub mak (opcjonalnie, do posypania)

INSTRUKCJE:
DO WYPEŁNIENIA:

a) Rozgrzej piekarnik do 190°C (375°F).

b) Połóż pokrojony w kostkę bakłażan na blasze do pieczenia, skrop oliwą z oliwek i piecz w nagrzanym piekarniku przez około 15-20 minut lub do miękkości. Wyjmij z piekarnika i pozostaw do ostygnięcia.

c) Na patelni na oliwie podsmaż posiekaną cebulę i czosnek, aż zmiękną.

d) Na patelnię dodaj pokrojoną w kostkę czerwoną paprykę i smaż przez kilka minut, aż będzie lekko miękka.

e) W misce połącz pieczonego bakłażana, podsmażoną cebulę, pomidorki koktajlowe, pokruszoną fetę i posiekaną bazylię. Doprawić solą i czarnym pieprzem. Dobrze wymieszaj.

NA CIASTO NA STRUDEL:

f) W misce wymieszaj mąkę i sól. Zrób wgłębienie na środku, wlej ciepłą wodę i oliwę z oliwek.
g) Mieszaj, aż powstanie ciasto. Zagniataj ciasto na posypanej mąką powierzchni, aż stanie się gładkie i elastyczne.
h) Ciasto odstawiamy na około 30 minut, przykryte wilgotną ściereczką.

MONTAŻ:
i) Rozgrzej piekarnik do 190°C (375°F).
j) Ciasto rozwałkować na posypanej mąką powierzchni na duży prostokąt.
k) Przygotowane nadzienie układamy wzdłuż jednej krawędzi prostokąta, zostawiając przy krawędziach trochę wolnego miejsca.
l) Rozwałkuj ciasto na nadzienie, zawijając po bokach, tak aby powstał kształt wafla.
m) Zwinięty strudel układamy na blaszce wyłożonej papierem do pieczenia.
n) Posmaruj strudel roztopionym masłem. Opcjonalnie posypujemy wierzch sezamem lub makiem.
o) Piec w nagrzanym piekarniku przez 25-30 minut lub do momentu, aż strudel będzie złotobrązowy i ugotowany.
p) Przed pokrojeniem strudel z bakłażana i pomidorów należy lekko ostudzić.
q) Podawaj strudel z bakłażana i pomidorów na ciepło i delektuj się zachwycającym połączeniem pieczonego bakłażana, soczystych pomidorów i pikantnej fety zawiniętej w kruche ciasto!

80.Strudel Cukiniowy Z Mięsem Mielonym

SKŁADNIKI:
DO WYPEŁNIENIA:
- 1 funt mielonej wołowiny lub mieszanki wołowiny i wieprzowiny
- 2 średnie cukinie, starte
- 1 cebula, drobno posiekana
- 2 ząbki czosnku, posiekane
- 1/2 szklanki bułki tartej
- 1/4 szklanki mleka
- 1 łyżeczka suszonego oregano
- Sól i czarny pieprz do smaku
- Oliwa z oliwek do smażenia

NA CIASTO NA STRUDEL:
- 2 filiżanki mąki uniwersalnej
- 1/2 szklanki ciepłej wody
- 1/4 szklanki oleju roślinnego
- Szczypta soli

DO MONTAŻU:
- 1/4 szklanki roztopionego masła (do posmarowania)
- Sezam lub mak (opcjonalnie, do posypania)

INSTRUKCJE:
DO WYPEŁNIENIA:
a) Rozgrzej piekarnik do 190°C (375°F).
b) Na patelni na oliwie podsmaż posiekaną cebulę i przeciśnięty przez praskę czosnek, aż zmiękną.
c) Na patelnię wrzucamy mięso mielone i smażymy, aż się zrumieni. W razie potrzeby odcedź nadmiar tłuszczu.
d) W misce wymieszaj startą cukinię, bułkę tartą, mleko, suszone oregano, sól i czarny pieprz. Dobrze wymieszaj.
e) Dodaj mieszankę cukinii na patelnię z ugotowanym mięsem. Gotuj kilka minut, aż cukinia będzie miękka. Zdjąć z ognia i pozostawić do ostygnięcia.

NA CIASTO NA STRUDEL:
f) W misce wymieszaj mąkę i sól. Zrób wgłębienie na środku i dodaj ciepłą wodę i olej roślinny.

g) Mieszaj, aż powstanie ciasto. Zagniataj ciasto na posypanej mąką powierzchni, aż stanie się gładkie i elastyczne.
h) Ciasto odstawiamy na około 30 minut, przykryte wilgotną ściereczką.

MONTAŻ:
i) Rozgrzej piekarnik do 190°C (375°F).
j) Ciasto rozwałkować na posypanej mąką powierzchni na duży prostokąt.
k) Wystudzone nadzienie cukiniowo-mięsne ułożyć wzdłuż jednej krawędzi prostokąta, pozostawiając przy krawędziach trochę wolnego miejsca.
l) Rozwałkuj ciasto na nadzienie, zawijając po bokach, tak aby powstał kształt wafla.
m) Zwinięty strudel układamy na blaszce wyłożonej papierem do pieczenia.
n) Posmaruj strudel roztopionym masłem. Opcjonalnie posypujemy wierzch sezamem lub makiem.
o) Piec w nagrzanym piekarniku przez 25-30 minut lub do momentu, aż strudel będzie złotobrązowy i ugotowany.
p) Przed pokrojeniem strudel z cukinii z mięsem mielonym poczekaj, aż nieco ostygnie.
q) Podawaj strudel z cukinii na ciepło i ciesz się aromatycznym połączeniem cukinii, mięsa mielonego i aromatycznych ziół zawiniętych w chrupiącą, złotą skórkę!

81. Strudel wołowy i brokułowy

SKŁADNIKI:

DO WYPEŁNIENIA:
- 1 funt polędwicy wołowej, pokrojonej w cienkie plasterki
- 2 szklanki różyczek brokułów, blanszowanych
- 1 cebula, pokrojona w cienkie plasterki
- 2 ząbki czosnku, posiekane
- 1/4 szklanki sosu sojowego
- 2 łyżki sosu ostrygowego
- 1 łyżka sosu hoisin
- 1 łyżeczka oleju sezamowego
- 1 łyżka oleju roślinnego
- Sól i czarny pieprz do smaku

NA CIASTO NA STRUDEL:
- 2 filiżanki mąki uniwersalnej
- 1/2 szklanki ciepłej wody
- 1/4 szklanki oleju roślinnego
- Szczypta soli

DO MONTAŻU:
- 1/4 szklanki roztopionego masła (do posmarowania)
- Nasiona sezamu (opcjonalnie, do posypania)

INSTRUKCJE:

DO WYPEŁNIENIA:

a) Rozgrzej piekarnik do 190°C (375°F).

b) Na patelni rozgrzej olej roślinny na średnim ogniu. Dodaj pokrojoną w plasterki wołowinę i smaż, aż się zrumieni. Zdejmij z patelni i odłóż na bok.

c) W razie potrzeby na tę samą patelnię dodaj odrobinę więcej oleju. Podsmaż pokrojoną w plasterki cebulę i posiekany czosnek, aż zmiękną.

d) Na patelnię wrzucamy blanszowane różyczki brokułów i smażymy kilka minut, mieszając.

e) Ugotowaną wołowinę z powrotem przełóż na patelnię. Dodać sos sojowy, sos ostrygowy, sos hoisin, olej sezamowy, sól i czarny pieprz. Gotuj, aż mieszanina dobrze się połączy i podgrzeje. Zdjąć z ognia i pozostawić do ostygnięcia.

NA CIASTO NA STRUDEL:

f) W misce wymieszaj mąkę i sól. Zrób wgłębienie na środku i dodaj ciepłą wodę i olej roślinny.
g) Mieszaj, aż powstanie ciasto. Zagniataj ciasto na posypanej mąką powierzchni, aż stanie się gładkie i elastyczne.
h) Ciasto odstawiamy na około 30 minut, przykryte wilgotną ściereczką.

MONTAŻ:

i) Rozgrzej piekarnik do 190°C (375°F).
j) Ciasto rozwałkować na posypanej mąką powierzchni na duży prostokąt.
k) Schłodzone nadzienie wołowo-brokułowe ułożyć wzdłuż jednej krawędzi prostokąta, zostawiając trochę miejsca na krawędziach.
l) Rozwałkuj ciasto na nadzienie, zawijając po bokach, tak aby powstał kształt wafla.
m) Zwinięty strudel układamy na blaszce wyłożonej papierem do pieczenia.
n) Posmaruj strudel roztopionym masłem. Opcjonalnie posypujemy wierzch sezamem.
o) Piec w nagrzanym piekarniku przez 25-30 minut lub do momentu, aż strudel będzie złotobrązowy i ugotowany.
p) Przed pokrojeniem strudel wołowy i brokułowy należy lekko ostudzić.

82. Strudle z kiełbasą i grzybami

SKŁADNIKI:
DO WYPEŁNIENIA:
- 1- funtowa kiełbasa (włoska, śniadaniowa lub do wyboru), bez osłonek
- 2 szklanki grzybów, drobno posiekanych
- 1 cebula, drobno posiekana
- 2 ząbki czosnku, posiekane
- 1/2 szklanki bułki tartej
- 1/4 szklanki startego parmezanu
- 1 łyżka świeżych liści tymianku
- Sól i czarny pieprz do smaku
- Oliwa z oliwek do smażenia

NA CIASTO NA STRUDEL:
- 2 filiżanki mąki uniwersalnej
- 1/2 szklanki ciepłej wody
- 1/4 szklanki oleju roślinnego
- Szczypta soli

DO MONTAŻU:
- 1/4 szklanki roztopionego masła (do posmarowania)
- Sezam lub mak (opcjonalnie, do posypania)

INSTRUKCJE:
DO WYPEŁNIENIA:
a) Rozgrzej piekarnik do 190°C (375°F).
b) Na patelni rozgrzej oliwę z oliwek na średnim ogniu. Dodać posiekaną cebulę i posiekany czosnek. Smażyć, aż zmięknie.
c) Na patelnię wrzucamy kiełbasę, rozbijamy ją łyżką i smażymy, aż się zarumieni. W razie potrzeby odcedź nadmiar tłuszczu.
d) Dodaj pokrojone grzyby na patelnię i smaż, aż puszczą wilgoć.
e) Wymieszaj bułkę tartą, starty parmezan, świeży tymianek, sól i czarny pieprz. Gotuj, aż mieszanina dobrze się połączy . Zdjąć z ognia i pozostawić do ostygnięcia.

NA CIASTO NA STRUDEL:
f) W misce wymieszaj mąkę i sól. Zrób wgłębienie na środku i dodaj ciepłą wodę i olej roślinny.

g) Mieszaj, aż powstanie ciasto. Zagniataj ciasto na posypanej mąką powierzchni, aż stanie się gładkie i elastyczne.
h) Ciasto odstawiamy na około 30 minut, przykryte wilgotną ściereczką.

MONTAŻ:
i) Rozgrzej piekarnik do 190°C (375°F).
j) Ciasto rozwałkować na posypanej mąką powierzchni na duży prostokąt.
k) Wystudzony nadzienie kiełbasowo-grzybowe ułożyć wzdłuż jednej krawędzi prostokąta, zostawiając przy krawędziach trochę wolnego miejsca.
l) Rozwałkuj ciasto na nadzienie, zawijając po bokach, tak aby powstał kształt wafla.
m) Zwinięty strudel układamy na blaszce wyłożonej papierem do pieczenia.
n) Posmaruj strudel roztopionym masłem. Opcjonalnie posypujemy wierzch sezamem lub makiem.
o) Piec w nagrzanym piekarniku przez 25-30 minut lub do momentu, aż strudel będzie złotobrązowy i ugotowany.
p) Przed pokrojeniem strudle z kiełbasą i grzybami należy lekko ostudzić.

83. Strudel z grzybów i cukinii

SKŁADNIKI:
DO WYPEŁNIENIA:
- 2 szklanki grzybów, pokrojonych w cienkie plasterki
- 2 średnie cukinie , starte
- 1 cebula, drobno posiekana
- 2 ząbki czosnku, posiekane
- 1/2 szklanki sera ricotta
- 1/4 szklanki startego parmezanu
- 2 łyżki posiekanej świeżej pietruszki
- 1 łyżka oliwy z oliwek
- Sól i czarny pieprz do smaku

NA CIASTO NA STRUDEL:
- 2 filiżanki mąki uniwersalnej
- 1/2 szklanki ciepłej wody
- 1/4 szklanki oliwy z oliwek
- Szczypta soli

DO MONTAŻU:
- 1/4 szklanki roztopionego masła (do posmarowania)
- Sezam lub mak (opcjonalnie, do posypania)

INSTRUKCJE:
DO WYPEŁNIENIA:
a) Rozgrzej piekarnik do 190°C (375°F).
b) Na patelni rozgrzej oliwę z oliwek na średnim ogniu. Dodać posiekaną cebulę i posiekany czosnek. Smażyć, aż zmięknie.
c) Na patelnię wrzucamy pokrojone w plasterki grzyby i smażymy, aż puszczą wilgoć.
d) Dodaj startą cukinię i gotuj przez kilka minut, aż będą miękkie. W razie potrzeby usuń nadmiar wilgoci.
e) W misce wymieszaj podsmażoną mieszankę grzybów i cukinii z serem ricotta, startym parmezanem, posiekaną natką pietruszki, solą i czarnym pieprzem. Dobrze wymieszaj. Pozwól nadzieniu ostygnąć.

NA CIASTO NA STRUDEL:
f) W misce wymieszaj mąkę i sól. Zrób wgłębienie na środku, wlej ciepłą wodę i oliwę z oliwek.

g) Mieszaj, aż powstanie ciasto. Zagniataj ciasto na posypanej mąką powierzchni, aż stanie się gładkie i elastyczne.
h) Ciasto odstawiamy na około 30 minut, przykryte wilgotną ściereczką.

MONTAŻ:
i) Rozgrzej piekarnik do 190°C (375°F).
j) Ciasto rozwałkować na posypanej mąką powierzchni na duży prostokąt.
k) Schłodzony nadzienie grzybowo- cukiniowe ułożyć wzdłuż jednej krawędzi prostokąta, zostawiając przy krawędziach trochę wolnego miejsca.
l) Rozwałkuj ciasto na nadzienie, zawijając po bokach, tak aby powstał kształt wafla.
m) Zwinięty strudel układamy na blasze wyłożonej papierem do pieczenia.
n) Posmaruj strudel roztopionym masłem. Opcjonalnie posypujemy wierzch sezamem lub makiem.
o) Piec w nagrzanym piekarniku przez 25-30 minut lub do momentu, aż strudel będzie złotobrązowy i ugotowany.
p) z grzybami i cukinią lekko ostygnie.

84. Strudel grzybowy

SKŁADNIKI:

- 2 szalotki, posiekane
- ½ szklanki białego wina
- 8 uncji crimini , pokrojonej w plasterki
- 8 uncji shiitake, pokrojonego w plasterki
- 1 ½ szklanki gęstej śmietanki
- ½ łyżeczki tymianku, świeżego
- Sól i czarny pieprz do smaku
- 1 jajko, ubite
- 12 4-calowych kwadratów ciasta francuskiego

INSTRUKCJE:

a) Gotuj grzyby i szalotkę w winie, aż wino odparuje. Dodać śmietanę, tymianek oraz sól i pieprz.

b) Zredukuj o połowę i wstaw do lodówki na kilka godzin lub do momentu, aż krem stwardnieje. Włóż 1 okrągłą łyżeczkę mieszanki grzybów do ciasta, złóż i posmaruj rozmąconym jajkiem.

c) Piec w piekarniku przez około 8-12 minut lub do złotego koloru. Podgrzej pozostałą mieszaninę grzybów i podawaj ze strudelem.

WIĘCEJ NACZYŃ W OBUDOWACH

85. Croustas z polędwicy z nadzieniem serowo-grzybowym

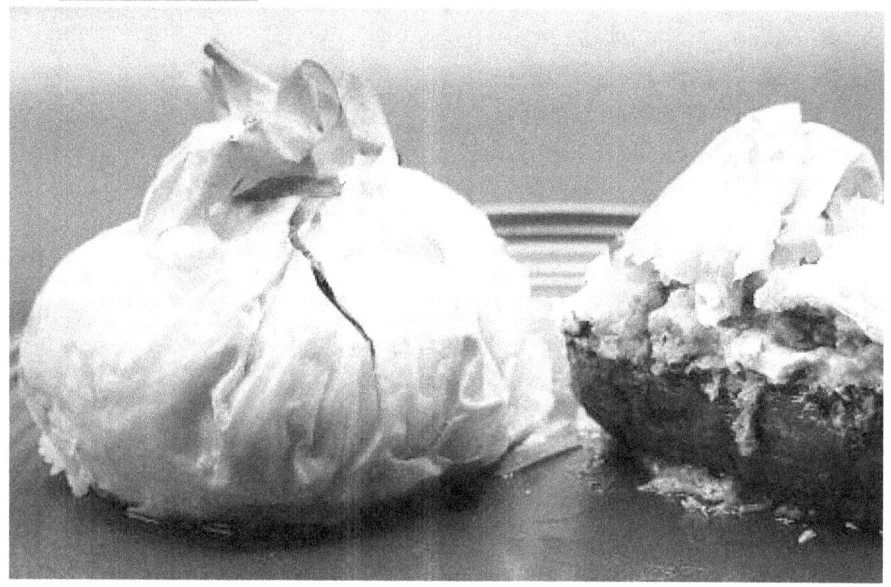

SKŁADNIKI:
DLA KROUSTAD:
- 1 bagietka pokrojona w krążki o średnicy 1/2 cala
- Oliwa z oliwek do posmarowania
- Sól i czarny pieprz do smaku

NA POLĘDWICĘ WOŁOWĄ:
- 1 funt polędwicy wołowej, drobno pokrojonej
- 2 łyżki oliwy z oliwek
- 2 ząbki czosnku, posiekane
- 1 łyżeczka suszonego tymianku
- Sól i czarny pieprz do smaku

NA NADZIENIE GRZYBOWE I KOZIM SEREM:
- 2 szklanki grzybów, drobno posiekanych
- 2 łyżki masła
- 1 mała cebula, drobno posiekana
- 2 ząbki czosnku, posiekane
- 4 uncje koziego sera
- Sól i czarny pieprz do smaku
- Świeża natka pietruszki, posiekana (do dekoracji)

INSTRUKCJE:
DLA KROUSTAD:
a) Rozgrzej piekarnik do 190°C (375°F).
b) Połóż plasterki bagietki na blasze do pieczenia. Każdy plasterek posmaruj oliwą, posyp solą i czarnym pieprzem.
c) Piec w nagrzanym piekarniku przez 8-10 minut lub do momentu, aż plastry będą złotobrązowe i chrupiące. Odłożyć na bok.

NA POLĘDWICĘ WOŁOWĄ:
d) Na patelni rozgrzej oliwę z oliwek na średnim ogniu. Dodaj posiekany czosnek i smaż, aż zacznie pachnieć.
e) Na patelnię dodaj pokrojoną w drobną kostkę polędwicę wołową. Dopraw suszonym tymiankiem, solą i czarnym pieprzem.
f) Smaż, aż wołowina będzie rumiana ze wszystkich stron. Zdejmij z ognia i odłóż na bok.

NA NADZIENIE GRZYBOWE I KOZIM SEREM:

g) Na tej samej patelni rozpuść masło na średnim ogniu. Dodaj posiekaną cebulę i smaż, aż zmięknie.
h) Na patelnię dodajemy posiekane grzyby i przeciśnięty przez praskę czosnek. Gotuj, aż grzyby puszczą wilgoć.
i) Doprawić solą i czarnym pieprzem. Dodaj kozi ser i gotuj, aż mieszanina dobrze się połączy . Zdjąć z ognia.

MONTAŻ:

j) Do każdego croustade nałóż niewielką ilość nadzienia z grzybów i koziego sera.
k) Na każdą rogalikę nakładamy porcję smażonej polędwicy wołowej.
l) Udekoruj posiekaną świeżą natką pietruszki.

86.Roladki z kiełbasą whisky

SKŁADNIKI:
- 1 funt kiełbasy śniadaniowej
- 1/4 szklanki whisky
- 1/4 szklanki bułki tartej
- 1/4 szklanki posiekanej natki pietruszki
- 1 łyżeczka czosnku w proszku
- Sól i pieprz do smaku
- 1 arkusz ciasta francuskiego, rozmrożonego

INSTRUKCJE:
a) Rozgrzej piekarnik do 200°C (400°F).
b) W misce wymieszaj kiełbaskę śniadaniową, whisky, bułkę tartą, natkę pietruszki, proszek czosnkowy, sól i pieprz.
c) Rozwałkuj arkusz ciasta francuskiego na posypanym mąką blacie i pokrój na 8 równych prostokątów.
d) Podziel masę kiełbasianą na 8 porcji i z każdej uformuj kiełbaskę.
e) Każdą kiełbaskę ułożyć na prostokącie z ciasta francuskiego i zwinąć, sklejając brzegi.
f) Połóż bułki z kiełbasą na blasze do pieczenia i piecz przez 20–25 minut lub do momentu, aż będą złocistobrązowe i ugotowane.
g) Podawać na gorąco.

87.Mango I Kiełbasa Wiatraczki

SKŁADNIKI:

- 500 g mielonej kiełbasy
- 36 liści szpinaku baby
- 185 g chutneyu z mango i chili
- 1 mała cebula pokrojona w drobną kostkę
- Opcjonalnie 1 łyżeczka przyprawy marokańskiej
- 1 szczypta soli i pieprzu
- 3 arkusze ciasta francuskiego
- 1 łyżka mleka

INSTRUKCJE:

a) Połącz cebulę, chutney z mango, mieloną kiełbasę, sól, pieprz i przyprawę marokańską w średniej misce.

b) Rozłóż na arkuszach ciasta, pozostawiając niewielką szczelinę na drugim końcu.

c) Przykryj mięso warstwą liści szpinaku baby.

d) Zwiń ciasto od najbliższego brzegu. Przesuń pędzelkiem zamoczonym w mleku wzdłuż dalszej krawędzi, aby zwinąć ciasto w kształt długiej kiełbasy.

e) Pokrój na 12 plasterków i ułóż je płasko na natłuszczonej blasze.

f) Piec w temperaturze 180°C przez 12-15 minut, aż będzie ugotowane.

88. Wiatraczki z ciasta francuskiego z tuńczykiem

SKŁADNIKI:
- 1 arkusz ciasta francuskiego
- 2 łyżeczki oliwy z oliwek z pierwszego tłoczenia
- 1 średnio brązowa/żółta cebula, pokrojona w drobną kostkę
- 6,5 uncji tuńczyka z puszki w oleju, dobrze odsączonego
- ⅓ szklanki startego sera Cheddar
- 3 łyżki natki pietruszki płaskolistnej, drobno posiekanej
- 1 łyżeczka skórki z cytryny
- ¼ łyżeczki pieprzu cayenne
- sól morska i świeżo zmielony czarny pieprz

INSTRUKCJE:
a) Rozgrzej piekarnik do 200 stopni C.
b) Przygotuj blachę do pieczenia wyłożoną papierem do pieczenia.
c) Wyjmij ciasto francuskie z zamrażarki i rozmróź.
d) rozmrożeniu ciasto włóż ponownie do lodówki, aby pozostało schłodzone.
e) Drobno posiekaj cebulę i delikatnie smaż na oliwie z oliwek przez około 8-10 minut lub do momentu, aż lekko się skarmelizuje . Odstawić do ostygnięcia.
f) Odcedź puszkę tuńczyka i dodaj do średniej wielkości miski. Rozgnieć, aby rozbić duże kawałki.
g) Dodaj ugotowaną cebulę i pozostałe składniki do tuńczyka i dobrze wymieszaj, aby połączyć.
h) Sprawdź, czy przyprawa odpowiada Twoim gustom, w razie potrzeby dodaj więcej soli, pieprzu lub skórki z cytryny.
i) Pokryj ciasto mieszanką z tuńczyka. Równomiernie rozsmaruj mieszaninę, pamiętając o pozostawieniu niewielkiej szczeliny wokół krawędzi ciasta.
j) Używając grzbietu łyżki lub gumowej szpatułki, dociśnij mieszaninę, aby ją zagęścić.
k) Powoli zacznij zwijać ciasto od końca najbliższego Tobie. Kontynuuj walcowanie do przodu, w miarę mocno, trzymając je tak mocno, jak to możliwe, aż dojdziesz do końca rolki.
l) Ciasto francuskie wkładamy do lodówki na około 15 minut, żeby stwardniało.

m) Za pomocą ząbkowanego noża odetnij końcówki i wyrzuć.

n) Następnie za pomocą tego samego noża pokrój wiatraczek o grubości około 1,5 cm (½ cala).

o) Umieść swoje wiatraczki na blasze do pieczenia. Jeśli wypadnie trochę mieszanki, po prostu delikatnie wciśnij ją z powrotem.

p) Piec przez 15-20 minut lub do momentu, aż ciasto będzie złocistobrązowe i ugotowane.

q) Podawać na ciepło, wyjęte z piekarnika lub pozostawić do ostygnięcia do temperatury pokojowej.

89.Małe świnie w hamaku

SKŁADNIKI:
- 1 opakowanie (17,3 uncji) mrożonego ciasta francuskiego, rozmrożone
- 3 łyżki dżemu malinowego bez pestek
- 1 łyżka musztardy Dijon
- 1 runda (8 uncji) sera Camembert
- 18 miniaturowych kiełbasek wędzonych
- 1 duże jajko
- 1 łyżka wody

INSTRUKCJE:
a) Rozgrzej piekarnik do 200°C. Rozłóż ciasto francuskie i z każdego ciasta wytnij 9 kwadratów. Każdy kwadrat przekrój po przekątnej, aby utworzyć dwa trójkąty.
b) Połącz musztardę i dżem w małej misce, dobrze wymieszaj. Rozłóż mieszaninę na trójkątach. Ser przekrój w poprzek na pół; następnie pokrój każdą połówkę na dziewięć klinów.
c) Na wierzchu każdego trójkąta ciasta połóż plasterek sera i kiełbasę. Nałóż brzegi ciasta na kiełbasę i ser i zlep, dociskając brzegi do siebie.
d) Ciasto ułożyć na blasze wyłożonej papierem do pieczenia. W małej misce wymieszaj wodę z jajkiem i posmaruj ciasto mieszanką do mycia jaj.
e) Piec na złoty kolor, od 15 do 17 minut.

90. Roladki z ciasta francuskiego

SKŁADNIKI:

- 1 arkusz ciasta francuskiego, rozmrożonego
- 4 ogniwa kiełbasy, osłonki usunięte
- 1 jajko, ubite

INSTRUKCJE:
a) Rozgrzej piekarnik do 400°F (200°C).
b) Na lekko posypanej mąką powierzchni rozwałkuj ciasto francuskie na grubość około 1/4 cala.
c) Mięso kiełbasiane podzielić na 4 równe części i z każdej uformować wałek.
d) Połóż każdy klocek kiełbasy na cieście francuskim i zawiń ciasto francuskie wokół klocka kiełbasy, dociskając brzegi do siebie, aby je złączyć.
e) 5. Pokrój każdą bułkę z kiełbasą na 4 równe części.
f) Roladki kiełbasy układamy na blasze wyłożonej papierem do pieczenia.
g) Każdą bułkę z kiełbasą posmaruj roztrzepanym jajkiem.
h) Piec przez 20-25 minut, aż kiełbasa będzie złocista i ugotowana.
i) Podawać na ciepło.

91.Ziołowy Gulasz Wołowy Z Ciastem Francuskim

SKŁADNIKI:

- 1 funt gulaszu wołowego, pokrojony w 1-calową kostkę
- 1 łyżka oleju rzepakowego
- 3 średnie marchewki, pokrojone na 1-calowe kawałki
- 1 do 2 średnich czerwonych ziemniaków, pokrojonych na 1-calowe kawałki
- 1 szklanka pokrojonego w plasterki selera (1/2-calowe kawałki)
- 1/2 szklanki posiekanej cebuli
- 1 ząbek czosnku, posiekany
- 2 puszki (10-1/2 uncji każda) skondensowanego bulionu wołowego, nierozcieńczony
- 1 puszka (14-1/2 uncji) pokrojonych w kostkę pomidorów, bez odsączenia
- Po 1 łyżeczce suszonych płatków pietruszki, tymianku i majeranku
- 1/4 łyżeczki pieprzu
- 2 liście laurowe
- 1 szklanka obranej dyni piżmowej pokrojonej w kostkę
- 3 łyżki szybkogotowanej tapioki
- 1 do 2 opakowań (po 17,3 uncji) mrożonego ciasta francuskiego, rozmrożonego
- 1 żółtko
- 1/4 szklanki ciężkiej śmietany do ubijania

INSTRUKCJE:

a) Brązowa wołowina w oleju w piekarniku holenderskim; napięcie. Wymieszać z przyprawami, pomidorami, bulionem, czosnkiem, cebulą, selerem, ziemniakami i marchewką.

b) Zagotuj. Zmniejsz ogień, gotuj na wolnym ogniu pod przykryciem, aż mięso będzie prawie miękkie, około 1 godziny. Usuń liście laurowe. Wymieszaj tapiokę i dynię , ponownie zagotuj . Gotuj przez 5 minut. Zdjąć z ognia, pozostawić do ostygnięcia na 10 minut.

c) W międzyczasie na powierzchni lekko posypanej mąką rozwałkuj ciasto francuskie na grubość 1/4 cala. Z 10 uncjami. ramekin, używając wzoru, wytnij 6 kółek z ciasta, o około 1 cal większych niż średnica ramekina.

d) Napełnij mieszaniną wołowiny 6 natłuszczonych 10 uncji. ramekiny; na każdym ułóż okrąg z ciasta. Zlep ciasto do krawędzi ramekinów , w każdym cieście wykonaj nacięcie. Jeśli chcesz, wytnij 30 pasków z resztek ciasta.

e) Skręć paski, nałóż na każdy ramekin 5 pasków. Uszczelnij, ściskając krawędzie. Wymieszaj śmietanę z żółtkiem, posmaruj wierzch.

f) Połóż na blasze z ciasteczkami. Piec w temperaturze 400° aż do uzyskania złocistego koloru, około 30-35 minut. Odstawić na 5 minut przed jedzeniem.

92. Roladki z kiełbasą jagnięcą z jogurtem harissa

SKŁADNIKI:

- 2 łyżki oliwy z oliwek z pierwszego tłoczenia
- 1 biała cebula, drobno posiekana
- 3 ząbki czosnku, zmiażdżone
- 1 łyżka drobno posiekanego rozmarynu
- 1 łyżeczka nasion kminku, zmiażdżonych, plus dodatkowa ilość
- 500 g mielonej jagnięciny
- 3 arkusze mrożonego ciasta francuskiego z masłem, rozmrożone
- 1 jajko, lekko ubite
- 250 g gęstego jogurtu greckiego
- 1/4 szklanki (75 g) harissy lub chutneyu pomidorowego
- Mikromięta do podania (opcjonalnie)

INSTRUKCJE:

a) Rozgrzej piekarnik do 200C. Rozgrzej olej na patelni na średnim ogniu. Dodaj cebulę i smaż przez 3-4 minuty, aż zmięknie. Dodaj czosnek, rozmaryn i kminek i smaż 1-2 minuty, aż zaczną wydzielać zapach. Zdejmij z ognia, schładzaj przez 10 minut, następnie połącz z mielonym mięsem.

b) Podzielić mieszaninę pomiędzy arkusze ciasta, układając je wzdłuż jednej krawędzi, tworząc wałek. Zwijamy w rulon, smarując ostatnie 3 cm ciasta jajkiem. Uszczelnij i przytnij ciasto.

c) Ułożyć na blasze wyłożonej papierem do pieczenia, łączeniem do dołu i wstawić do zamrażalnika na 10 minut. Dzięki temu łatwiej będzie je pokroić.

d) Każdą bułkę przekrój na 4 części i pozostaw na blasze. Posmaruj rozmąconym jajkiem i posyp dodatkowymi nasionami kminku. Piec przez 30 minut lub do momentu, aż ciasto będzie złociste, a bułki ugotowane.

e) Zamieszaj harissę w jogurcie i podawaj z bułeczkami kiełbaskowymi posypanymi miętą.

93.Ciasto Garnkowe w stylu Libańskim

SKŁADNIKI:
- 3 łyżki rozgniecionego czosnku
- 1/4 szklanki pokruszonego ziołowego sera feta
- 1 żółtko
- 1 zamrożony arkusz ciasta francuskiego, rozmrożony i przekrojony na pół
- 2 szklanki posiekanego świeżego szpinaku
- 2 połówki piersi kurczaka bez kości i skóry
- 2 łyżki pesto bazyliowego
- 1/3 szklanki posiekanych suszonych pomidorów

INSTRUKCJA : s

a) Zanim zrobisz cokolwiek innego, ustaw piekarnik na 375 stopni F.

b) Posmaruj piersi kurczaka mieszanką rozgniecionego czosnku i żółtka w szklanym naczyniu, a następnie przykryj je folią i włóż do lodówki na co najmniej cztery godziny.

c) Połóż ½ szpinaku na środku połowy ciasta, połóż na nim jeden kawałek piersi kurczaka, dodaj 1 łyżkę pesto, suszone pomidory, ser feta i resztę szpinaku.

d) Całość zawijamy drugą połową ciasta.

e) Powtórz te same kroki dla pozostałych kawałków piersi.

f) Umieść to wszystko na naczyniu do pieczenia.

g) Piec w nagrzanym piekarniku przez około 40 minut lub do momentu, aż kurczak będzie miękki.

h) Podawać.

94. Ciasto Warzywne

SKŁADNIKI:
- 1 arkusz ciasta francuskiego
- 2 szklanki mieszanki warzywnej, rozmrożonej
- 1 puszka zagęszczonego kremu z zupy grzybowej
- 1/2 szklanki mleka
- Sól i pieprz

INSTRUKCJE:
a) Rozgrzej piekarnik do 400°F (200°C).
b) W misce wymieszaj mieszankę warzywną, zagęszczoną zupę, mleko, sól i pieprz.
c) Ciasto francuskie rozwałkowujemy na lekko posypanej mąką powierzchni i wkładamy do naczynia do pieczenia.
d) Do ciasta wlać mieszankę warzywną i przykryć kolejnym arkuszem ciasta, zaciskając brzegi.
e) Piec przez 30-35 minut lub do momentu, aż ciasto będzie złotobrązowe.

95.Otwarte ciasto ze szpinakiem i pesto

SKŁADNIKI:
- 2 (12 uncji) filety z łososia bez skóry i kości
- sól przyprawiona do smaku
- 1/2 łyżeczki czosnku w proszku
- 1 łyżeczka proszku cebulowego
- 1 (17,25 uncji) opakowanie mrożonego ciasta francuskiego, rozmrożonego
- 1/3 szklanki pesto
- 1 (6 uncji) opakowanie liści szpinaku

INSTRUKCJA : s

a) Zanim zrobisz cokolwiek innego, ustaw piekarnik na 375 stopni F.
b) Przed odłożeniem na bok łososia posyp mieszanką soli, sproszkowanej cebuli i czosnku.
c) Teraz umieść ½ szpinaku pomiędzy dwoma oddzielnymi arkuszami ciasta francuskiego, umieszczając więcej na środku i połóż filet z łososia na każdym z nich, a następnie umieść pesto i pozostały szpinak.
d) Brzegi zwilżyć wodą i złożyć.
e) Całość pieczemy w nagrzanym piekarniku przez około 25 minut.
f) Ochłodź to.
g) Podawać.

96.Bureki

SKŁADNIKI:
- 500 g najwyższej jakości ciasta francuskiego maślanego
- 1 duże ubite jajko z wolnego wybiegu

NADZIENIE Z RICOTTY
- ¼ szklanki / 60 g twarogu
- ¼ szklanki / 60 g sera ricotta
- ⅔ szklanki / 90 szt. pokruszonego sera feta
- 2 łyżeczki / 10 g roztopionego niesolonego masła

NADZIENIE PECORINO
- 3½ łyżki / 50 g serka ricotta
- ⅔ szklanki / 70 g tartego dojrzewającego sera pecorino
- ⅓ szklanki / 50 g startego dojrzewającego sera Cheddar
- 1 por pokrojony w 5-centymetrowe segmenty, blanszowany do miękkości i drobno posiekany (w sumie ¾ szklanki / 80 g)
- 1 łyżka posiekanej natki pietruszki płaskolistnej
- ½ łyżeczki świeżo zmielonego czarnego pieprzu

POSIEW
- 1 łyżeczka nasion czarnuszki
- 1 łyżeczka nasion sezamu
- 1 łyżeczka nasion gorczycy żółtej
- 1 łyżeczka nasion kminku
- ½ łyżeczki płatków chili

INSTRUKCJE:

a) Ciasto rozwałkować na dwa kwadraty o średnicy 30 cm każdy i grubości 3 mm. Ułóż arkusze ciasta na wyłożonej pergaminem blasze do pieczenia – mogą układać się jeden na drugim, umieszczając pomiędzy nimi arkusz pergaminu – i pozostaw w lodówce na 1 godzinę.

b) Każdy zestaw składników nadzienia umieść w osobnej misce. Wymieszaj i odłóż na bok. Wszystkie nasiona wymieszaj w misce i odłóż na bok.

c) Pokrój każdy arkusz ciasta na kwadraty o boku 10 cm; powinieneś otrzymać w sumie 18 kwadratów. Podzielić pierwsze nadzienie równomiernie na połowę kwadratów, nakładając je łyżką na środek każdego kwadratu. Posmaruj jajkiem dwie sąsiednie krawędzie każdego kwadratu, a następnie złóż kwadrat na pół, tworząc trójkąt.

Wypuść całe powietrze i mocno ściśnij boki. Chcesz bardzo dobrze docisnąć krawędzie, aby nie otworzyły się podczas gotowania. Powtórzyć z pozostałymi kwadratami ciasta i drugim nadzieniem. Ułożyć na blaszce wyłożonej pergaminem i wstawić do lodówki na co najmniej 15 minut, żeby stwardniało. Rozgrzej piekarnik do 220°C/425°F.

d) Posmaruj dwa krótkie brzegi każdego ciasta jajkiem i zanurz je w mieszance nasion; wystarczy niewielka ilość nasion o szerokości zaledwie ⅙ cala / 2 mm, ponieważ są one dość dominujące. Wierzch każdego ciasta posmaruj również odrobiną jajka, unikając nasion.

e) Upewnij się, że ciasta są rozmieszczone w odległości około 1¼ cala / 3 cm. Piec przez 15 do 17 minut, aż całe ciasto będzie złociste. Podawać na ciepło lub w temperaturze pokojowej. Jeśli podczas pieczenia część nadzienia wyleje się z ciastek, po prostu delikatnie włóż je z powrotem, gdy wystygną na tyle, że będzie można je unieść.

97.Ciasto z befsztykiem

SKŁADNIKI:
- 1 1/2 funta polędwicy wołowej, pokrojonej na małe kawałki
- 1/4 szklanki mąki
- 1 łyżeczka soli
- 1/2 łyżeczki czarnego pieprzu
- 3 łyżki masła
- 1 szklanka bulionu wołowego
- 1 szklanka pokrojonych w plasterki grzybów
- 1/2 szklanki posiekanej cebuli
- 1/2 szklanki posiekanego selera
- 1/2 szklanki posiekanej marchewki
- 2 łyżki posiekanej świeżej natki pietruszki
- 1/2 łyżeczki suszonego tymianku
- 1/4 łyżeczki suszonego rozmarynu
- 1 arkusz ciasta francuskiego
- 1 jajko, ubite

INSTRUKCJE:
a) Rozgrzej piekarnik do 400°F.
b) W dużej misce wymieszaj mąkę, sól i czarny pieprz. Dodaj kawałki wołowiny i mieszaj, aż pokryją się mąką.
c) Rozpuść masło na dużej patelni na średnim ogniu. Dodaj wołowinę i smaż, aż zrumieni się ze wszystkich stron.
d) Na patelnię dodaj bulion wołowy, pieczarki, cebulę, seler, marchewkę, natkę pietruszki, tymianek i rozmaryn. Doprowadź do wrzenia, następnie zmniejsz ogień i gotuj na wolnym ogniu przez 10-15 minut, aż warzywa będą miękkie, a sos zgęstnieje.
e) Rozwałkuj ciasto francuskie na lekko posypanej mąką powierzchni i wyłóż nim foremkę na ciasto o średnicy 9 cali. Napełnij ciasto mieszanką wołową.
f) Brzegi ciasta posmaruj roztrzepanym jajkiem. Przykryj wierzch ciasta pozostałym ciastem, zaciskając krawędzie, aby je uszczelnić.
g) Posmaruj wierzch ciasta pozostałym ubitym jajkiem.
h) Piec w nagrzanym piekarniku przez 30-35 minut, aż ciasto będzie złotobrązowe.

98.Pływak Australia n Pie

SKŁADNIKI:

- 1 duża brązowa cebula, drobno posiekana
- 2 łyżki oleju roślinnego
- 1 funt chudej, drobno posiekanej lub mielonej wołowiny
- 3/4 szklanki wywaru wołowego lub warzywnego
- 1 łyżka skrobi kukurydzianej
- Szczypta soli
- Szczypta pieprzu
- 2 arkusze mrożonego ciasta na pierogi
- 2 arkusze mrożonego ciasta francuskiego
- 4 szklanki bulionu wołowego
- 2 łyżeczki sody oczyszczonej
- 1 funt suszonego zielonego groszku, namoczonego przez noc w wystarczającej ilości wody, aby przykryć
- 1 łyżeczka sody oczyszczonej

INSTRUKCJE:

a) Dzień wcześniej włóż groszek do głębokiego garnka, zalej wodą zmieszaną z sodą oczyszczoną i odstaw na noc. Odcedzić, gdy będzie gotowy do gotowania.

b) Rozgrzej piekarnik do 450°F.

c) W garnku na odrobinie oleju podsmaż cebulę. Dodaj wołowinę i podsmaż ją.

d) Dodaj bulion, przyprawy i skrobię kukurydzianą. Gotuj na średnim ogniu, ciągle mieszając, aby dodać skrobię kukurydzianą, aż powstanie gęsty sos, około pięciu minut.

e) Nasmaruj tłuszczem cztery formy do ciasta o wymiarach 3 × 6 cali. Z ciasta kruchego wytnij koła o wymiarach 3 × 7 cali, aby wyłożyć dno i boki patelni. Napełnij mieszanką wołowiny i sosu. Posmaruj felgi wodą.

f) Z ciasta francuskiego wytnij koła o wymiarach 3 × 7 cali. Połóż na mięsie. Naciśnij, aby uszczelnić. Przycinać. Ułóż placki na gorącej blasze.

g) Piec w nagrzanym piekarniku przez 20–25 minut lub na złoty kolor.

h) Podczas gdy ciasta się pieczą, przygotuj sos grochowy.

i) Uwodniony groszek umyj z brudu i włóż do rondelka z jedną łyżeczką sody oczyszczonej i bulionem wołowym.
j) Doprowadzić do wrzenia i gotować, aż groszek będzie bardzo miękki.
k) Zmiksuj lub zmiksuj groszek i bulion do konsystencji gęstej zupy.
l) nałóż sos groszkowy i połóż na nim gorący placek.
m) Robi cztery ciasta.

99. Stek i placek cebulowy

SKŁADNIKI:
- 2 łyżki oliwy z oliwek
- 2 x 600 g policzków wołowych z obciętymi ścięgnami
- 1 duża cebula, pokrojona w krążki
- 2 ząbki czosnku, zmiażdżone
- 125 ml czerwonego wina
- 1 litr bulionu wołowego
- 2 gałązki rozmarynu
- 1 opakowanie 320 g (1 arkusz) ciasta francuskiego kupowanego w sklepie
- 1 mała kostka masła
- sól i świeżo zmielony czarny pieprz
- 1 łodyga selera, pokrojona w drobną kostkę, do dekoracji
- liście selera do dekoracji
- liście nasturcji do dekoracji

DO SŁODKIEGO PRZYPADKU POMIDORÓW
- 250 g dojrzałych pomidorów
- ½ czerwonej cebuli, pokrojonej w drobną kostkę
- 1 łyżeczka oliwy z oliwek
- 1 ząbek czosnku, pokrojony w drobną kostkę
- ¼ łyżeczki suszonych płatków chili
- ½ łyżeczki koncentratu pomidorowego lub przecieru
- 1 łyżka brązowego cukru
- 1 łyżka octu z czerwonego wina

DO WĘDZONEJ CEBULI KLESZONEJ
- 1 łyżeczka oliwy z oliwek
- 4 szalotki, przekrojone wzdłuż na pół
- 125 ml octu jabłkowego
- 1 łyżka cukru pudru

INSTRUKCJE:
a) Aby uzyskać słodki smak pomidorów, za pomocą małego noża natnij płytkie krzyże na spodzie każdego pomidora. Pomidory włożyć do dużej miski, zalać wrzątkiem i odstawić na 30 sekund, po czym od razu przełożyć pomidory do miski z lodowatą wodą. Obierz pomidory i odłóż na bok. Schłodzone pomidory pokroić na

ćwiartki, usunąć i wyrzucić wewnętrzne błony i nasiona, a miąższ pokroić na małe kawałki.
b) Podczas gdy pomidory ochładzają się, postaw średniej wielkości rondelek na średnim ogniu. Dodaj cebulę i oliwę z oliwek i smaż przez 4–6 minut, aż będą miękkie, ale nie zabarwione . Dodaj czosnek i płatki chili i smaż przez kolejną minutę. Dodaj koncentrat pomidorowy lub przecier i mieszaj przez 2 minuty, następnie dodaj cukier i ocet. Dodaj pomidory do rondla i dobrze wymieszaj mieszaninę. Doprowadzić do wrzenia, a następnie zmniejszyć ogień do średnio-niskiego. Gotuj przez 8–10 minut, od czasu do czasu mieszając, aż mieszanina będzie gęsta i lepka. Doprawiamy solą i pieprzem i odstawiamy do lekkiego ostygnięcia.
c) Po ostygnięciu zmiksuj mieszaninę blenderem ręcznym lub przenieś do blendera i pulsuj, aby uzyskać gładką pastę. Wyjmij i odłóż na bok, aż będzie gotowy do podania.
d) Aby przygotować wędzoną kwaśną cebulę, włóż oliwę z oliwek do małej patelni i rozgrzej ją na średnim ogniu. Dopraw ją solą. Połóż cebulę, przekrojoną stroną do dołu, w równej warstwie wokół patelni.
e) Gotuj przez 4–6 minut lub do momentu lekkiego zwęglenia, następnie zmniejsz ogień do małego i dodaj ocet i cukier. Przykryj i gotuj na małym ogniu przez kolejne 5 minut, następnie wyłącz ogień i pozostaw cebulę do ostygnięcia w płynie. Odstawić do momentu podania.

100. Chrupki z szynką i serem

SKŁADNIKI:

- 1 arkusz ciasta francuskiego, rozmrożonego
- 1/2 szklanki szynki pokrojonej w kostkę
- 1/2 szklanki startego sera Cheddar
- 1 jajko, ubite

INSTRUKCJE:

a) Rozgrzej piekarnik do 400°F (200°C).
b) Na lekko posypanej mąką powierzchni rozwałkuj ciasto francuskie na grubość około 1/4 cala.
c) Ciasto francuskie pokroić na 9 równych kwadratów.
d) W misce wymieszaj pokrojoną w kostkę szynkę i pokruszony ser cheddar.
e) Na każdy kwadrat ciasta francuskiego nałóż około 1 łyżkę mieszanki szynki i sera.
f) Złóż rogi ciasta francuskiego w górę i nad nadzieniem, dociskając krawędzie do siebie, aby je uszczelnić.
g) Każde ciasto francuskie posmaruj roztrzepanym jajkiem.
h) Piec przez 15-20 minut, aż uzyska złoty kolor.
i) Podawać na gorąco.

WNIOSEK

Kończymy naszą kulinarną odyseję poprzez „WYKWINTNA SZTUKA WELLINGTON I W SKÓRCE", mamy nadzieję, że doświadczyłeś przyjemności tworzenia i delektowania się eleganckimi, zamkniętymi potrawami, które wykraczają poza zwyczajność. Każdy przepis na tych stronach jest świadectwem połączenia kunsztu kulinarnego i przyjemności gastronomicznej, gdzie warstwy kruchego ciasta kokonu wyśmienicie nadzienia tworząc symfonię smaków.

Niezależnie od tego , czy rozkoszowałeś się klasyczną elegancją Beef Wellington, odkrywałeś innowacyjne warianty dań wegetariańskich, czy też tworzyłeś własne, unikalne wariacje, ufamy, że te 100 przepisów wzbogaci Twój kulinarny repertuar. Poza kuchnią niech sztuka Wellingtona i En Croûte stają się źródłem inspiracji, przekształcając Twoje posiłki w kulinarne spektakle, które zachwycają zmysły .

Gdy będziesz nadal odkrywać możliwości dla smakoszy w swojej kuchni, niech duch artystycznej oprawy pozostanie w Twoich kulinarnych przedsięwzięciach. Za radość tworzenia i delektowania się eleganckimi daniami, gdzie każdy kęs jest celebracją kunsztu dla smakoszy opisanego w „WYKWINTNA SZTUKA WELLINGTON I W SKÓRCE" Gratuluję wzniesienia kulinarnych wrażeń na nowy poziom!

www.ingramcontent.com/pod-product-compliance
Lightning Source LLC
Chambersburg PA
CBHW071309110526
44591CB00010B/841